KB210117

책세상문고 · 우리시대

악기로 본 삼국시대 음악 문화

책세상문고 · 우리시대

악기로 본
삼국시대
음악 문화

한흥섭

책세상

이 누추하고 참으로 보잘것없는 작은 책자를
학문과 삶의 은인이신 조요한, 박상규 두 분 선생님께
삼가 머리 숙여 바치고 싶다.

악기로 본 삼국시대 음악 문화 | 차례

이 글은 필자가 한국 전통음악에 관해 처음으로 발표하는 것이다. 대학원 시절 주로 장자의 사상에 관심을 가졌고, 1996년에는 위진(魏晉) 시기 죽림칠현의 한 사람이자 현학가인 혜강(嵇康)의 '성무애락론(聲無哀樂論)'에 대한 연구로 학위를 받았지만, 한국의 전통음악에 대해서는 매우 무지한 상태였다. 그러나 서양 음악이라면 얘기가 달라서 클래식 애호가라고 자부하는 편이었다. 필자가 음악의 세계에 빠져들기 시작한 것은 대학교에 입학했을 때이다. 당시 명동에 있던 '필하모니'(그전에는 '바로크') 음악감상실은 학교 앞 막걸리집과 학교 안 검도 도장 외에 가장 즐겨 찾은 곳이었다. 참으로 많은 시간을 그곳에서 홀로 흘려보냈다. 1977년쯤 군을 제대하고 처음 독일제 '듀알' 전축을 구했을 때, 일본에서 제작된 것으로 칼 뵘이 지휘한 베토벤의 〈불멸의 나인 심포니〉를 사가지고 와서 밤새도록 들었던 것과 아침에 일어나 꼭 한 곡은 듣고 학교에 가던 기억이 새롭다. 나의 젊음은 그렇게 언제나 클래식과 같이 있었고, 그 무렵 나의 최고의 우상은 카라얀이었다. 그렇지만 음악을 이론적으로 공부하겠다는 생각은 꿈에도 해보지 않았다. 그냥 듣고 즐기는 것으로 만족했을 뿐이다.

그런데 어떻게 하다 보니 음악, 그것도 중국음악에 관한 학위논문을 쓰게 되었고, 또 그것이 인연이 되어 국악에 대한 글까지 쓰게 되었다. 국악에 문외한이었던 내가 이 분야를 접하게 된 것은 〈조선 초의 음악사상과 그 양상〉이라는 제목의 논문을 청탁받은 것이 계기였다. 이 주제는 영남대학교 개교 50주년 기념사업의 하나로 영남대학교 민족문화연구소에서 주관하여 출판하려는 '한국문화사상대계' 가운데 예술 분야의 하나로 채택된 것이다.

논문을 준비하면서 조선 초의 음악사상을 알기 위해서는 조선시대 음악 예술의 최고 문헌인 《악학궤범》을 이해하는 것이 필수적임을 알고 그 서문을 읽어보았다. 그런데 그 글에 따르면 우리나라의 제대로 된 악(樂)은 조선시대에 들어와서야 존재하게 되었다고 한다. 나는 과연 그런지 의아한 생각이 들어 삼국시대의 음악에 관한 글들을 읽어보기 시작했다. 그 가운데 가장 중요한 기본 사료인 《삼국사기》의 음악 관련 내용은 아주 소략했고 그것도 신라악(新羅樂)을 중심으로 주로 악기와 악곡에 관련된 것이 대부분이다. 그러나 분명한 사실은 삼국시대에도 우리의 음악, 즉 향악(鄕樂)은 있었다는 것이다. 다만 중국의 아악(雅樂) 계통의 음악이 없었을 뿐이다.

그런데 삼국시대의 음악에 관한 글을 읽으면서도 몇 가지가 의심스러웠고 혼란스럽기까지 했다. 그래서 여러 책과 논문들을 읽고 확인하며 새로운 지식들을 배워나가는 재미에 빠져들었다. 마치 숨어 있던 거대하고 광활한 광맥을 발견한 느낌 같았다. 그러한 흥분의 상태에서 써 내려간 것이 이 글의 원형인 〈삼국의 악기 수용에 관한 음악사상적 고찰〉이다. 이 논문은 1999년 7월 초에 탈고하여 한국예술종합학교 논문집 2권에 기고했으며, 그해 10월 한국국악학회 월례발표회 때 발표하기도 했다(이 책의 성격상 관련 문헌의 출처나 인용문 및 기타 참고자료

등은 꼭 필요한 경우가 아니면 대체로 생략했으므로 필요하다면 위 논문집을 참조하기 바란다).

물론 이 글은 국악에 대한 초학자가 반년이라는 짧은 기간의 연구를 토대로 쓴 것이므로, 당연히 앞으로 많이 보완되고 수정되어야 할 것이다. 이것이 한국 음악계의 여러 선생님들의 가르침을 진심으로 고대하는 이유다. 뿐만 아니라 언젠가 기회가 마련된다면 '한국 음악사상' 또는 '한국 음악미학'을 제대로 써내고 싶다는 당돌한 생각까지 가지게 되었으니 어찌 따뜻한 관심과 지도를 간청하지 않을 수 있겠는가! 여러 선생님들의 후의를 간곡히 기대하고 기대한다. 어떻든 필자로서는 거의 미답지로 남아 있는 국악의 새로운 분야를 발견하게 된 것을 무척 뜻깊게 생각하고, 이러한 계기를 마련해준 여러 인연들에게 가슴 깊이 감사드린다.

4332년 초봄 옥산정(玉山亭)에서
고운(孤雲) 한흥섭

국악[1] 또는 향악[2]이라 불리는 우리의 전통음악은, 19세기 말에 서양음악(양악)이 들어오기 전까지 이 땅에 존재했던 모든 음악을 말한다. 그러나 지금 우리의 어법으로 음악이란 말은 통상 서양음악을 뜻한다. 철학 하면 서양철학을, 미술 하면 서양미술을 의미하는 것처럼 여태까지 우리의 음악은 따로 '국악'이라고 불리고, 서양음악은 '양악'이 아닌 그냥 '음악'으로 통용되고 있다. 이처럼 '불합리하고 모순된 분류법'이 버젓이 행세하면서 서양음악이 보편화되고 음악 문화의 주류로 자리 잡고 있는 상황이 오늘날 우리 음악의 현실이다. 한마디로 주객이 전도된 셈이지만, 일제에 강점당하고 해방 후에는 미 군정 치하의 시절을 보내면서 우리 것에 대한 의식도 자부심도 돌아볼 여력도 없었던 시대 상황에서 우리의 전통문화예술을 지키지 못하고 거의 일방적으로 서양 문물을 수용한 것은 어쩌면 피할 수 없었던 일이었는지 모르겠다. 이와 같은 전통예술에 대한 단절과 소외의 결과 오늘을 살고 있는 대다수의 한국인, 특히 서양 문물의 세례를 많이 받은 지식인일수록 우리의 전통음악을 잘 모를 뿐만 아니라 시대에 뒤떨어진 저급하고 지루한 음악으로 이해하고 있다. 반면 서양음악을 향한 관심과 애정은 남다르다. 물론 이러한 모습은 음악에만 국한된 것이 아니라, 정도의 차이는 있지만 그 외의 다른 예술(미술, 무용 등)과 철학사상 전반에 공통적으로 나타나고 있는 상황이

기도 하다.

그렇다면 이러한 현상의 원인은 무엇인가? 여러 가지 견해가 있겠지만, 크게 두 가지로 요약할 수 있다. 하나는 서양음악 중심의 교육이고, 또 하나는 해방 후 자유, 민주주의, 자본주의 같은 서구적 가치가 급속히 우리 사회를 지배하면서 이와 대비되어 전통적 가치는 부정되고 폄하되었고, 그것의 표현으로 이해된 전통음악도 버려야 할 보수적이고 봉건적인 유물로 여겨지게 된 점을 들 수 있다. 이 두 가지는 서로가 서로에게 원인이 되어 상승 작용을 한 것이라고 본다.

그렇다면 이를 극복하는 방안은 무엇일까? 우리 전통음악에 대한 인식을 전환하고, 주체적이고 창의적인 외래음악 수용 자세를 확립하는 것이다. 이를 위해서는 물론 우리 전통음악에 대한 제도권 교육의 개혁과 사회 환경 개선이 함께 이루어져야 한다. 일례로 우리의 일상적인 음악 문화 환경을 둘러보자. 먼저 KBS 제1FM 라디오 방송의 경우, 하루 24시간 가운데 국악에 할애된 시간은 하루 네 차례, 네 시간(새벽 5~6시, 오전 11~12시, 오후 5~6시, 자정~다음 날 1시)에 불과하고, 나머지 시간은 거의 17~19세기 서유럽의 고전음악 즉 클래식 위주다. 방송사에서는 클래식 음악의 우리 음악화 과정이라는 명분을 내걸고 있지만, 자국의 음악을 등한시하는 이러한 태도는 국영방송의 역할을 의심스럽게 한다. 국영방송이라면 다른 민영 방송이 하지 않고, 하려고도 하지 않는 우리 전통음악의 일상화 내지 보편화를 먼저 시도해야 하지 않을까! 최소한 국경일이나 명절 때만이라도 그날에 어울리는 우리의 음악을 편성하는 주체성을 보여야 하지 않을까? 개인적으로 KBS 제1FM을 즐겨 들으면서도 늘 못마땅한 부분이다.

　대중문화예술에 지대한 영향을 미치는 텔레비전의 경우는 더 심각하다. 지난해 KBS 1TV에서 〈국악 한마당〉이라는 프로그램이 매주 일요일 아침 9시에 방영된 적이 있었다. 국악 프로그램은 아예 외면하거나 심야 시간대에 형식적으로 편성하곤 하던 관행을 깨는 시도였다. 그러나 이 프로그램은 얼마 가지 않아 슬그머니 토요일 아침 10시라는 매우 경건한(?) 시간대로 재편성되었다가 요즈음은 다시 시청률 사각지대라 할 수 있는 낮 12시 10분으로 옮겨졌는데 그나마도 이런저런 사정으로 방영되지 않는 날도 많다. 말하자면 '퇴출' 일보 직전에 와 있는 것이다. 또한 온 국민의 사랑을 받고 있는 인기 프로그램 〈열린 음악회〉에서 우리의 전통음악이 잠깐이라도 소개된 횟수는 손에 꼽을 정도이다.

　이처럼 우리가 의식하든 의식하지 않든 매일매일 듣고 접하는 것이 대부분 양악인 세상에 태어나 그것을 당연하게 느끼며 자라는 것이 더 이상 이상한 일이 아니게 되었다. 게다가 우리의 제도권 교육은 전통음악에 대한 교육을 등한히 함으로써 이러한 현실에 대해 어떠한 비판적인 문제의식도 가질 수 없도록 만들고 있다. 그 결과 서양음악의 우수성과 보편적 가치를 일방적으로 학습하게 하는 왜곡된 오리엔탈리즘이 암묵적이면서도 지속적으로 확대 재생산되고 있는 실정이다.

　이러한 현실을 언제까지 방치해둘 것인가? 이제는 더 늦출 수 없다. 지금부터라도 우리 것을 제대로 파악해서 널리 알려야 한다. 앞으로도 계속 우리의 전통음악을 외면하고 주체적여과 과정 없이 서양음악을 받아들일 경우, 우리는 문화민족 국가로서의 긍지와 자부심을 더 이상 키워나가기 힘들게 될 것이다.

평론가 윤재근은《문화전쟁》이라는 책에서, "자문화를 강문화로 성장시키는 민족이나 국민은 현명한 인간집단이며, 자문화가 타 문화에 종속되는 현실을 방치하여 약문화로 전락시키는 민족이나 국민은 어리석은 집단이다. 문화는 인간의 것이므로 인간에 의해서 강해지기도 하고 약해지기도 한다. 현명한 민족이나 국민은 자문화를 강화시킬 줄 알고 어리석은 집단은 자문화가 약해지는 것을 방치해버린다"[3]고 말했는데 우리는 이 말에 귀를 기울여야 한다. 스스로 자신의 문화를 멸시하거나 저질화되는 것을 방치하는 국민이나 민족은 반드시 가까운 장래에 국가의 멸망을 목도할 수밖에 없다는 것이 역사의 진실이기 때문이다.

이러한 맥락에서 현재 우리가 당면하고 있는 가장 시급한 과제가 '전통음악의 창조적 계승과 외래음악의 주체적 수용'이라면, 무엇보다도 '전통음악에 대한 이해'가 선행되어야 한다고 생각한다. '전통음악의 창조적 계승'과 '외래음악의 주체적 수용'은 별개의 것이 아니라 서로 밀접하게 맞물려 있는 명제인데, 이를 연결해주는 매개항이 바로 '전통음악에 대한 이해'이기 때문이다. 그리고 전통음악의 본질적인 요소는 바로 우리 민족의 독창성 또는 심미의식이다. 따라서 면면히 이어온 전통음악의 독창성이나 심미의식에 대한 이해 없이 전통음악을 창조적으로 계승하고 외래음악을 주체적으로 수용하는 것은 불가능할 뿐만 아니라 생명력을 지속시킬 수도 없다는 것은 지극히 당연한 귀결이 아닐 수 없다.

이처럼 이제는 우리의 전통음악을 제대로 파악해야 한다는 명제 아래, 이 책에서는 우선 19세기까지 우리 전통음악 문화의 형성에 지대한 영향을 끼친 중국의 음악 문화를 수용하는 과정에서 우리의 선인들이 보여준 독창성 또는 심미의식의 일단을 고구려, 백제, 신라의 악기를 통해서 밝히고자 한다. 즉 외래음악에 대한 삼국의 '주체적이고 창조적인 수용 태도'를 외래 악기의 수용 과정을 통해서 확인하려는 것이다. 여기서 '악기'를 택한 이유는 두 가지다. 먼저 새로운 악기의 소개나 수용은 음악 양식의 변천을 일으키는 중요한 요인이 되는데, 이는 새로운 악기를 사용한 연주 활동은 이전까지의 음악과는 다른 음악 문화를 만들어내는 계기가 되기 때문이다. 둘째, 악기는 단지 음악을 위한 하나의 물적 수단에 그치는 것이 아니라, 음악 문화의 '창조성'과 '주체성'이 융합되어 나타난 '독특한 심미의식'을 구체적으로 담보하고 있는 매우 상징적인 매체이기 때문이다. 그렇다면 이렇게 말할 수 있는 근거는 무엇인지 좀더 구체적으로 알아보도록 하자.

제 1 장 ───── **악기의 의미** ─────

1. 음악과 음

불충분하나마 음악을 정의하자면, 음 또는 소리를 매개로 우리의 생각이나 느낌을 나타내는 시간적 예술이라고 할 수 있다. 그러므로 음악을 음(또는 소리)의 예술, 또는 음(또는 소리)을 조화롭게 구성하여 미적 표현을 하는 예술이라고 간주한다면, 음 또는 소리는 음악의 기본 개념이 된다. 그리고 음악이 음악 예술의 창조자와 수용자(감상자)를 연결해주는 비물질적이고 비구상적이며 비개념적인 존재물이라면, 음은 그런 음악적 사고와 느낌을 표현하는 데 꼭 필요한 '물적 매개물'이라 할 수 있다.

그러나 여기서 유의해야 할 점은 일반적으로 생각하는 것처럼 음이 음악의 재료 또는 소재가 아니라는 것이다. 예술 창작이라는 것은 이미 존재하는 질료(재료)에 정신적·육체적 작용을 가해서 거기에 어떤 의미 있는 형식을 부여하고 그 성과로 작품을 창출하는 활동이라고 할 수 있다. 그러나 음은 이처럼 작곡가에게 미리 주어져서 존재하는 재료가 아니라, 음악가가 창출해내야 하는 것이다. 즉 음이 음악을 만드는 것이 아니라 음악이 음을 만드는 것이다. 그러므로 음악에서 음은 그것으로 무엇을 형성해가는 질료가 아니라 형성될 대상인 것이다. 다음으로, 음은 음악의 구성요소가 아니라는 점도 유의해야 한다. 일반적으로 음악은 음으로 구성되며 음은 그 최소의 구성요소라고 간주되는데, 이는 음악을 단지 음향적 현상으로만 파악하는 관점이다.

음악적 견지에서 음악은 최소 단위로 고립되어 있는 음들로 구성된다기보다는 음과 음의 '상호 관계', 즉 배음현상(倍音現象)으로 이루어진다고 말할 수 있다.[4]

전통적으로 모든 음악음은 인간이 만든 악기를 통해 구체화되었다. 여기서 전통적이라고 제한한 것은, 현대음악에 커다란 발자취를 남긴 전위음악가 존 케이지(John Cage, 1912~1992)의 '침묵의 소나타' 〈4분 33초〉[5]처럼 악기에 의존하지 않고도 음악음을 표현한 시도가 있었기 때문이다. 물론 케이지는 우리 주변의 모든 일상음이나 소음도 경우에 따라서는 어떤 의미의 음악음이 될 수 있다는 것을 보여줌으로써, 비음악음인 일상음과 음악음 사이의 경계를 뛰어넘어 기존 음악음의 영역을 무한히 확대하려 한 것이다. 하지만 이는 결과적으로 악기에 절대적으로 의존해왔던 전통적인 '음과 악기의 관계'에 대해서도 다시 생각하게 하는 계기가 되었다. 즉 악기에 의한 음이 아니라도 우리는 얼마든지 나름대로의 의미를 지닌 음악음을 경험할 수 있다는 것이다. 그렇다면 음악에서 음과 악기는 어떤 관계인가?

2. 음과 악기의 관계

음이 음악적 사고와 느낌을 표현하기 위해서 꼭 필요한 '물적 매개물'이라면, 악기 역시 음악적 사고와 느낌을 표현하기 위해서 끊임없이 발견·창제·개량되어온 것으로 음악 예술의 창조자와 수용자를 연결해주는 물질적이고 구체적인 '물적 매개물'이라 할 수 있다. 따라서 음과 악기는 음악적 사고와 느낌을 표현하는 데 꼭 필요한 '물적 매개물'이라는 점에서 일치한다.

이것은 무엇을 의미하는가? 바로 음과 악기의 존재 이유가 모두 '음악적 사고와 느낌을 표현하기 위해서'라는 것이다. 따라서 다양하고 창조적인 음악적 사고와 느낌의 표현을 위해서 음과 마찬가지로 악기도 형식의 제약을 받지 않고 거의 무한히 새롭게 발견·창제·개량되는 것은 지극히 당연하다고 할 수 있다. 이러한 예는 최근 가야금의 줄을 17현, 18현, 21현, 25현 등으로 개량하여 연주하는 모습에서 쉽게 찾아볼 수 있다. 또 최소리라는 젊은 타악기 연주자는 북이나 장구 같은 기존 악기뿐만 아니라 물, 쇠붙이, 돌, 나무조각에 이르기까지 모든 것을 음악의 재료로 삼고 있다. 그리고 가야금을 개조한 17현의 소리금과 도자기로 구운 장구도 만들고, 한지나 물을 두드려 맑은 소리를 끌어내기도 한다.[6] 이들은 모두 사물을 악기로 변화시켜 새로운 악기를 개발하거나 기존의 악기를 개량하는 행위를 통해서 자신만의 독창적인 음악을 표현할 수 있다는 것을 보여주는 좋은 사례다. 외국의 경우에도 대자연에 흐르는 바람을 소리(음악)화하기 위해 독특하고 기상천외한 형태의 여러 새로운 악기가 실험, 제작되고 있는데, 이러한 움직임 역시 같은 맥락이라고 할 수 있다.

3. 악기 개량의 의미

우리의 전통음악은 시대의 변천에 따라 꾸준히 그 모습을 바꾸어왔고, 이러한 음악의 역사적 변화는 당연히 악기의 사용 방법이나 형태에 커다란 영향을 끼쳤다. 그리고 이처럼 역사와 시대가 변하면서 악기의 모습이 변화되고 새롭게 악기가 발견·창제·개량되는 것은 음악의 양식 및 음악 문화의 변화와 함께 자연스러운 것으로 모든 음악사에서 나타나는 보편적인 현상이라 할 수 있다. 따라서 악기 개량은 시대와 사회가 변화하는 한 필연적인 과제일 수밖에 없다.

그렇다면 여기서 악기 개량의 문제를 다음과 같이 이해할 수 있을 것이다. 즉 악기를 개량한다는 것은, 심미의식과 음악적 감수성의 변화에 따라 기존의 악기로는 음악적 사고와 느낌을 표현하는 것이 불충분하거나 부적절하거나 혹은 불가능하다고 보아 이를 새롭게 바꾸려는 창조적인 음악 예술 행위라고 할 수 있다. 왜냐하면 악기를 개량한다는 것은 음악의 창작과 연주(기법), 음색 등 음악적 취향에 영향을 미치는 것인데, 이는 하나의 음 또는 음악을 창작하는 것과 마찬가지의 창조성을 내포하고 있기 때문이다. 따라서 악기 개량은 창조적인 음악 예술 행위의 일종이라 할 수 있다. 더구나 다른 지방이나 다른 나라에서 유래한 악기를 자국민의 음악적 감수성이나 취향에 맞게 개량했다면, 이것은 곧 음악 문화의 창조성과 아울러 주체성이 결합된 산물이라 할 수 있다. 다시 말해 외래 악기의 개량은 단순히 음악적 표현을 위한 기능적 수단의 물질적 변형에 그치는 것이 아니라, 외래음악의 '독창적인 수용'의 징표라는 점에서 매우 상징적인 의미를 지니게 된다.

제 2 장 ——————— 삼국의
음악 문화

이제 이와 같은 의미를 삼국이 중국에서 악기를 수용하는 과정을 통해 확인해보도록 하자. 그러나 악기 수용을 본격적으로 논의하기에 앞서, 기존 학계의 연구성과를 토대로 당시 삼국의 음악 문화를 요약, 정리해보겠다. 이러한 시도는 필자의 시각에서 삼국의 악기 수용이 지니는 음악 문화사적 의미를 좀 더 새롭고 명료하게 부각시키기 위한 전제로 필요한 것이다.

1. 고구려

고구려는 대륙과의 끊임없는 문화적 교류에 힘입어 삼국 중에서 가장 일찍 한민족의 음악 문화를 발전시켰다. 고구려의 음악 문화에 관한 사료를 살펴보면, 우리 문헌으로는《삼국사기》,《고려사》의 악지(樂志) 등이 있고 중국 문헌으로는《수서(隋書)》,《구당서(舊唐書)》,《신당서(新唐書)》의 음악지(音樂志)와 동이전(東夷傳),《북사(北史)》의 고구려전 등이 있다. 일본 문헌으로는《일본후기(日本後紀)》등에 전하는 단편적인 기록들이 있을 뿐이고, 고고학 자료로는 대성리 제1호분(4세기 초), 안악 제3호분(357), 통구의 무용총(4세기 말~5세기 초), 집안 제17호분(6세기), 강서대묘, 장천 1호분 등이 있다.

고구려의 음악 문화는 편의상 5세기를 기준으로 나누어 고찰하는 것이 일반적이다. 5세기 이전의 고구려 음악은 중국 대륙과 직접적으로 문화 교류를 했던 것으로 보이고, 그 후에는 서역과의 교류가 활발했던 것으로 생각되기 때문이다.

5세기 이전 고구려 음악의 특징은 거문고의 출현과 안악 제3호분의 주악도(奏樂圖, 음악을 연주하는 모습을 그린 그림)에 나타난 음악 양상에서, 그 후의 특징은 고분벽화에 나타난 여러 가지 악기 및 수나라와 당나라에서 연주된 고구려 악기에 보이는 다양한 서역 악기의 수용에서 찾을 수 있다. 이를 차례로 간략히 살펴보자.

(1) 거문고의 출현과 안악 제3호분의 주악도

5세기경의 작품으로 추정되는 길림성 집안현의 무용총 벽화에도 거문고 연주도가 포함되어 있듯이, 거문고는 고구려 음악의 상징이라고 할 만큼 순수하게 고구려적인 악기이다. 거문고가 출현하기 전인 건국 초기의 고구려 음악은 국가의 제천의식에서 노래와 춤을 추는 정도를 벗어나지 못했다. 그러나 왕산악이 중국의 칠현금을 개량한 향악기인 거문고가 등장한 4세기 이후 고구려 음악은 기악의 발달에 새로운 전기를 마련했다. 이는 음악 문화사적으로 매우 커다란 의의를 지닌다. 새로운 향악기인 거문고는 다른 악기들과 함께 노래와 춤의 반주에 사용됐을 것이고, 독주 악기로도 쓰였을 것이다. 또한 그 당시 왕이나 귀족들을 위해 거문고를 연주하는 전문 음악인도 배출되었을 것이다. 이렇게 볼 때 거문고의 출현은 한민족 최초의 향악기로서 민족음악인 향악을 새로운 단계로 발전시키는 데 크게 기여한 음악 문화사적 사건이 아닐 수 없다.

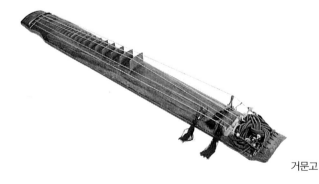

거문고

이후 거문고는 일본에 소개되어 군후(軍篌) 또는 백제금(百濟琴)으로 알려지기도 했고, 통일신라에 전래되어서는 향악의 대표적인 현악기로 인정되어 가야금과 함께 향악 발전에 중추적 구실을 했다. 또 고려와 조선시대를 거쳐 현재까지 이르는 동안에도 중요한 향악기의 하나로 그 자리를 지키고 있다.

한편, 4세기 중반의 음악 활동을 분명하게 보여주는 고구려 고분벽화는 안악 제3호분의 주악도이다. 357년에 축조된 것으로 추정되는 안악고분의 전실과 후실 그리고 회랑에는 음악을 연주하는 그림이 있다. 전실 벽화의 주악도에는 고취악(鼓吹樂) 계통으로 판단되는 악기가, 후실에는 무악도(舞樂圖)가 그려져 있는데, 특히 후실 무용도에는 서역계의 호인(胡人)으로 보이는 무용수가 등장하고 있다. 한편 회랑에는 60~70명에 이르는 악대가 그려져 있는데, 이는 일종의 행악(行樂)인 고취악대임이 분명하다.

안악고분의 주악도 외에도 고구려 음악의 편린을 더듬어볼 수 있는 귀중한 사료로는 길림성 집안현의 춤추는 그림의 무덤, 즉 무용총과 평남 강서군의 약수리 고분, 평남 대동군 팔청리의 무덤, 평남 용강군 대안리 고분 등의 다양한 악기의 연주도가 있다.

이들 고구려 고분벽화의 음악 관련 그림들을 종합해보면, 고구려 음악의 윤곽이랄까 분위기를 느낄 수 있다. 그것을 한마디로 표현한다면 '강건한 기상의 웅혼성'이다. 악대의 연주 모습도 그렇고, 주로 타악기 위주로 구성된 대규모 취주악대의 기개도 그러하다. 흔히 고구려의 기질을 대륙적 호담성으로 규정하는데, 벽화에 나타나는 그들의 음악 문화의 개성 또한 여기서 크게 벗어나지 않음을 알 수 있다.

(2) 대륙 악기의 수용과 해외 활동

고구려 음악의 주목할 만한 특징으로 활발한 음악 교류를 들수 있다. 고구려 음악과 외지의 음악이 폭넓은 교류를 가졌다는 것은 수나라 개황(開皇, 589~660) 초에 제정된 칠부기(七部伎)와 이어서 대업(大業, 605~617) 중에 확대된 구부기(九部伎) 그리고 그 후 당 태종 때의 십부기(十部伎)에 고구려 음악이 편입됐다는 사실에서 잘 드러난다. 수나라 때의 궁중 연회에서는 여러 나라의 음악들이 나라별로 나뉘어 공연되었는데, 고구려 음악을 지칭하는 고려기를 비롯하여 천축기(天竺伎)·안국기(安國伎)·구자기(龜玆伎) 등이 있었다.[7] 동방의 고구려는 물론이려니와 서쪽으로는 멀리 인도와 중앙아시아 등의 음악이 이미 중국 대륙과 소통하고 있었음을 알 수 있다.

그리고 7세기 초 당나라의 십부기의 하나로 파견됐던 고구려 악공들은 매우 화려한 복장을 하고 열다섯 가지의 악기로 편성된 합주단을 구성하여 음악을 연주했는데, 당나라 무후(684~710) 때까지만 해도 스물다섯 곡의 연주 곡목을 갖고서 활약했다. 이러한 대규모의 고구려 연주단은 고구려의 멸망 후에도 당나라의 궁궐에 남아서 오래도록 연주 활동을 했음에 틀림없다. 고구려의 음악 연주단은 악기 연주자인 악공들뿐만 아니라 고구려 춤을 추었을 무용수들과 함께 구성되었다. 금귀고리를 달고 소매가 긴 누런 저고리에 붉고 누런 바지를 입고 검은 가죽신을 신은 고구려의 궁중 무용수들이 쌍쌍이 음악에 맞추어 춤을 추는 모습은 《구당서》의 음악지에 기록되어 있으며, 무용총 같은 고분벽화에도 화려하고 우아한 고구려 춤의 모습이 생생하게 그려져 있다.

당시 고려기에 쓰인 악기의 편성은 서역 악기와 거의 일치하고 있다. 따라서 고구려 음악이 중국 대륙의 서북 지방에 자리를 잡았던 서량(西凉) 음악과 가장 밀접한 관계를 맺고 있음을 알 수 있다. 이와 같이 칠부기, 구부기, 십부기 등에 포함된 고려기(고구려기)는 서역 악기와 복식을 채용한 것으로 보아 음악 역시 서역계 음악(중국의 당악)을 연주했을 것이다. 그러나 구체적으로 그 음악을 언급한 문헌자료는 찾기 어렵다.

한편 고구려 음악은 비단 중국 대륙만이 아니고, 거문고가 일본으로 전래되어 군후라는 악기로 정착된 데서 알 수 있듯이 바다 건너 동쪽으로도 확산됐다. 일본의 〈유취삼대격(類聚三代格)〉은 《일본서기(日本書紀)》 등의 기록과는 달리 횡적(橫笛)·막목(莫目)·군후·무(舞)·고(鼓)·농창(弄槍)을 고구려 음악으로 설명했다. 긴 창으로 서로 싸워 겨루는 농창이 북의 반주에 맞춰 연행된 것으로 보아 고구려 사람들의 상무(尙武) 기질을 나타낸 악무(樂舞)가 있었음을 알 수 있다. 또한 고구려 음악이 일방적으로 외지로 흘러나간 것이 아니라 외국의 음악, 특히 서역계의 음악이 실크로드를 타고 고구려로 유입되기도 했다. 지금은 중국 신강성인 당시의 구자 지방의 오현비파(五絃琵琶)나 필률(觱篥, 피리) 같은 중앙아시아의 악기들이 일찍이 고구려에 들어온 것이 그 예이다. 이처럼 고구려는 우리가 짐작하는 이상으로 활발하고 광범하게 국제적으로 음악 교류를 했음을 몇몇 자료를 통해서 확인할 수 있다.

2. 백제

백제의 음악 문화는 고구려보다 발전이 늦었다. 백제에는 고구려처럼 악기를 그린 고분벽화도 없고, 음악 관련 사료도 삼국 중에서 가장 빈약하다. 백제 음악에 관한 기록은 우리나라 문헌인《삼국사기》악지와 중국 문헌인《수서》와《북사》·《통전(通典)》, 일본 문헌인《일본서기》·《일본후기(日本後紀)》등에서 그 편린을 찾을 수 있다. 또한 고고학 자료로는 계유명아미타불삼존석상과 금동용봉봉래산향로가 있다.

《수서》와《북사》에 따르면 백제 음악에 사용되던 악기로는 고·각(角)·공후(曩撞)·쟁(箏)·우(竽)·지(籎)·적(笛)이 있고,《일본서기》에는 횡적·군후·막목 같은 악기를 썼다고 되어 있다. 이처럼 양측의 문헌에 소개된 악기의 내용이 다르다. 그 이유는 횡적·공후·막목 같은 악기가 쓰였던 백제악은 인명천황(仁明天皇) 이전의 삼한악(三韓樂)으로서의 백제악이고, 그 후의 백제악은 피리 같은 서역계의 악기를 받아들인 후의 음악이기 때문이라는 것이 일반적인 해석이다. 다시 말해서 일본에 전해진 백제 음악은 비교적 초기의 순수한 백제 음악이고,《통전》에 소개된 것은 서역과의 교류가 무르익은 후의 백제 음악이라는 결론이다. 여기서 중요한 점은 백제 음악 역시 고구려음악과 마찬가지로 국경의 개념 없이 활발하게 국제적인 교류를 했다는 사실이다.

《수서》의 동이전에 따르면 백제에서는 위에서 밝힌 바와 같이 일곱 가지 악기가 사용되었다. 이들 악기 중 지는 훈(壎)과 함께 오직 중국 남조의 청악(淸樂)에만 사용된 악기이고, 고와 각을 제외한 나머지 네 종의 악기도 모두 청악의 편성과 일치한다. 따라서 백제악에 사용된 이들 악기는 중국 남조에서 수용된 것으로, 중국 북조와 교류했던 고구려와는 달리 백제는 중국 남조와 교류했음을 나타내주고 있다.

이 다섯 종의 악기로 구성된 백제 음악은 일본에 전한 '백제악 풍속무'에 따른 악기 편성보다 수적으로 늘어난 것이고 악기의 내용도 다르다. 이 음악의 쓰임새는 고구려의 경우와 같이 외국 사신을 위한 연향악이라 추측된다. 그러나 외래음악을 받아들여 중국의 칠부기 등에 참가했던 고려기와는 달리 백제 음악은 중국의 남송과 북위 등에 소개되기는 했으나 제대로 갖추지 못한 음악으로 평가받았다.

이 밖에 백제의 노래에 대해서는 정확한 연대와 작자, 내용과 음악적인 형태 등을 알 수 없다. 다만 노래에 얽힌 이야기만이 전하는 다섯 곡의 노래가 《고려사》의 악지에 실려 있는데 〈선운산〉·〈무등산〉·〈방등산〉·〈지리산〉·〈정읍〉이 그것이다. 물론 현행 연주곡인 정읍, 일명 수제천(壽齊天)이 당시 백제의 정읍이었는지는 고증할 길이 없다.

이상의 내용을 개괄해보면, 백제는 마한의 상고사회 음악 문화를 바탕으로 하고 인접 국가와의 문화 교류를 통해 외래문화를 수용함으로써 고구려악이나 신라악과 구별되는 한민족의 음악 문화를 새로운 방향에서 수립하여 발전시켰다. 백제의 이러한 음악 문화는 수나라와 당나라뿐 아니라 일본에까지 전래될 만큼 특징적인 것이었으며, 삼국시대 한민족의 음악 문화를 형성하여 발전시키는 데 크게 기여했다. 특히 일본에서 보여준 백제 음악인들의 눈부신 활약은 삼국 중에서 가장 뛰어났으며 그 당시 일본의 음악 문화에 신라나 고구려보다 더 많은 영향을 끼쳤다. 따라서 백제의 음악 상황 역시 고구려처럼 다분히 국제적임을 확인할 수 있다. 다만 고구려의 거문고 음악이나 신라의 가야금 음악과 같은 백제 고유의 음악이 전해오지 않는 점은 아쉽기 그지없지만, 당시 백제의 국제적 위상이 그러했듯이 그들의 음악 문화 활동 역시 매우 활발했음을 엿볼 수 있다. 일종의 음악적 중개자 역할을 담당했다고 할 만큼 빈번한 음악 문화의 교류를 실천했던 나라가 곧 백제라고 하겠다.

3. 신라

신라는 삼국 중에서 가장 늦게 국가의 체제를 갖추었는데 그 이유는 지리적으로 대륙에서 가장 멀리 떨어져 있었으며, 백제에 비해 비옥한 땅을 갖지 못했기 때문이다. 음악 문화 역시 삼국 가운데 가장 늦게 자리를 잡았다. 한편 가야국은 낙동강을 낀 비옥한 땅에서 신라보다 일찍 음악 문화를 발전시켰다. 이러한 불리한 여건 속에서도 신라의 음악 문화는 6세기 중반 가야국의 음악 문화를 수용한 후 한반도 동남쪽에 위치한 진한(辰韓)이라는 상고사회의 음악 문화를 전승하는 범위를 벗어나 새로운 양상으로 전개되었다. 그러므로 신라의 음악 문화는 편의상 6세기 이전의 가야국의 음악 문화와 6세기 이후의 신라의 음악 문화로 나누어볼 수 있다.

(1) 가야국의 음악 문화

낙동강 주변에 위치했던 변한 열두 성읍국가에서 성장한 가야국은 6세기 신라에 정복되기 전까지 음악 문화사에 획기적인 전기를 마련했다. 오늘날까지 거문고와 함께 향악기의 대표적인 현악기로 손꼽히는 가야금이 바로 가야국에서 유래됐기 때문이다. 가야국의 음악 문화는 가야금의 출현으로 대변될 수 있는데, 이에 관한 기록은《삼국사기》악지에서 찾아볼 수 있다.

잘 알려진 바와 같이 가야금은 가야국의 가실왕(嘉實王)이 만들었다고 하며, 가야국의 악사였던 우륵은 열두 곡명의 가야금 음악을 작곡하기도 했다. 훗날 신라에 투항한 우륵은 지금의 충주인 국원(國原)에 정착하여 제자들에게 악(樂)·가(歌)·무(舞)

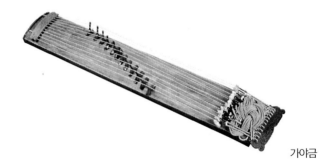

가야금

의 음악을 전수했다. 그가 작곡했다는 열두 곡 중에서 〈사자기
(獅子伎)〉 같은 몇 곡명을 제외한 〈하가라도(下加羅都)〉·〈상가
라도(上加羅都)〉·〈달기(達己)〉·〈사물(思物)〉 등 대부분의 악곡
명은 당시의 지명들임이 밝혀졌다. 우륵의 12곡명에서 우리의
주목을 끄는 것은 '사자기'라는 명칭이다. 이는 멀리 중앙아시
아에서 전파되어온 사자놀이가 이미 우륵의 시대인 6세기에 신
라에 소개됐다는 증거로서 역사적으로 큰 의미를 지닌다.

(2) 신라의 음악 문화

6세기 이전의 신라 음악에 관한 자료 중에 고구려의 고분벽
화와 같은 증거는 없다. 그러나 신라 건국 초기부터 지방마다
특색 있는 향토음악이 발전되어오던 신라의 음악 문화는 처
음에는 향토색이 짙은 민속악의 형태로 머물렀으나, 왕권의
강화와 귀족사회의 형성에 따른 사회제도의 변천과 함께 차
츰 새로운 양상의 음악 문화로 분리된 것으로 보인다. 이는 신
라 고분에서 출토된 토우 및 불교 유적 등에 보이는 고고학 자
료와 문헌 자료로서《수서》의 동이전과 음악지,《북사》의 신라
전,《일본후기》 그리고《삼국사기》 악지와《삼국유사》의 단편
적인 기록을 통해서 드러난 사실이다.

신라시대의 노래로는《삼국사기》 악지에 실린 열여덟 곡의
노래와《삼국유사》에 실려 있는 향가 14수,《균여전》의 향가
11수,《고려사》 악지 소재의 일곱 곡,《증보문헌비고》 등 기타
각종 문헌에 전해지는 곡들이 있다. 이 중에서 노래의 음악적
인 형태를 알려주는 것은 거의 없고 노래의 이름과 노래를 지

은 뜻만을 알 수 있을 뿐이다.

6세기 이후 악사 우륵이 발전시킨 가야국의 음악 문화가 신라로 수용되어 신라 사회에 뿌리를 내릴 수 있었다는 역사적 사실은, 음악 문화사적으로 중요한 의미를 갖는다. 만약 가야금이 신라 땅에 제대로 정착되지 못했다면 한국의 전통음악에서 가장 귀중한 향악기의 하나가 빠졌을 것이고, 일본에 '시라기고도'라는 이름으로 소개되지도 못했을 것이다. 가야금은 가장 대표적인 우리의 전통 악기이며, 가야금 음악은 전통음악의 주류를 이루는 한편 최근에는 국제적으로도 널리 소개되어 한국을 상징하고 있다. 이러한 가야금의 역사적 위상과 함께 은은한 가야금 가락의 음악적 특성은 섬세하고도 다감한 한국 특유의 곡선미를 표출하는 데 절대적으로 기여해온 것이 사실이다.

신라 음악이 후세와 연결되는 중요한 역사적 의미는 향가에서도 찾아볼 수 있다. 신라의 향가를 사뇌가(詞腦歌)라고도 하는데, 이 사뇌가라는 말은 오늘날 시나위로 연결된다. 현재의 시나위 음악이 무속음악과 관계가 깊다는 사실을 감안한다면, 신라의 향가 즉 사뇌가는 시나위의 원형이자 예부터 전해오는 한국 고유의 풍속인 무속의 음악적 변용임에 틀림없다. 즉 신라의 향가는 고래의 제천의식에서 엿볼 수 있는 무속적인 음악 전통을 신라적인 변용을 거쳐서 후대의 무악(巫樂) 내지는 시나위 음악으로 연결시킨 중간자적 위치라고 하겠다.

신라 음악에서 흥미로운 점은 고래의 향가, 그리고 불교와 함께 등장한 범패(梵唄, 즉 인도 소리)의 이중 계보의 것 외에도 또 다른 음악이 있었다는 사실이다. 그것은 주로 거문고 음악과 관계되어 있다. 고구려의 거문고 음악이 신라에 널리 유포된 것은 대략 9세기로 본다. 왜냐하면 효소왕 2년(693)까지만해도 거문고는 일반에서 사용하는 악기가 아니라 신성한 신기(神器)로서 신문왕(681~691) 때의 신적(神笛)과 함께 월성의 천존고(天尊庫)에 보존되어 있었기 때문이다. 그 후 옥보고라는 탁월한 명인을 만남으로써 거문고는 신라의 음악 문화에 지대한 영향을 미치게 된다.

이상으로 가야금과 거문고 그리고 향가를 중심으로 신라음악을 대략 살펴보았다. 그 가운데 신라의 가야금과 향가가 오늘날의 가야금 음악과 시나위 음악으로 직결된다는 점에서 한국 음악 문화사에서 신라음악이 차지하는 비중은 매우 크다고 하겠다.

한마디로 삼국시대의 음악은 그전에 비해서 한층 분화되면서 다양한 개성을 표출시켰다고 할 수 있다. 주로 제천의식과 관계 있던 무속 성향의 음악과는 달리 이제 국가별로 개성 있는 음악을 창출하기 시작했으며, 음악의 사회적 기능 또한 증폭되고 다양한 방식으로 나타나게 되었다.[8)]

제 3 장

악기 수용

이제 삼국의 음악 문화사에 대한 이해를 바탕으로 고구려, 백제, 신라가 중국에서 악기를 수용하는 과정을 본격적으로 살펴보도록 하자(따라서 우리 고유의 자생적인 악기는 논의에서 제외시켰다). 이를 위해서는 오늘날 우리에게 남아 있는 두 종류의 음악 사료에 의존하게 된다. 앞에서 보았듯이 하나는 문자로 기록된 문헌 즉 문헌 사료이고, 다른 하나는 물질적 유물 즉 역사 유물인데, 여기서는 문헌 사료를 중심으로 논의를 전개해나갈 것이다.

1. 고구려

　김부식은《삼국사기》악지의 고구려악조에서《통전》과《책부원귀(册府元龜)》를 인용하여 고구려의 악기를 설명하고 있다. 먼저《통전》에 따르면 탄쟁(彈箏)·추쟁(搊箏)·와공후(臥曇撞)·수공후(竪曇撞)·비파(琵琶)·오현(五絃)·의취적(義觜笛)·생(笙)·횡적·소(簫)·소필률·대필률·도피필률(桃皮觱篥)·요고(腰鼓)·제고(齊鼓)·담고(擔鼓)·패(貝) 등 17종이 있고,《책부원귀》에는 오현·금·쟁·필률·횡취(橫吹)·소·고가 있다고 적혀 있다.

　우선《통전》에 기록된 악기들의 유래를 살펴보면, 탄쟁·와공후·수공후·비파·오현·의취적·생·횡적·소·소필률·대필률·도피필률·요고·제고·담고·패 등 추쟁을 제외한 모든 악기가 중국을 거쳐 들어온 것으로 입증되었다. 그리고 쟁의 일종인 추쟁도 마찬가지라고 할 수 있다. 따라서《통전》에 기록된 고구려의 악기는 모두 중국에서 유래한 것이라 할 수 있다. 다음으로《책부원귀》에 기록된 악기들을 보면, 금·쟁·고를 제외하고는 모두 일치한다. 그런데 이것들 역시 모두 중국에서 유래한 것이므로, 그 내용은《통전》과 같다고 할 수 있다. 따라서《통전》과《책부원귀》에 기록된 악기들은 모두 중국에서 유래한 것임을 알 수 있다. 그러나 이것은 저자들이 중국에서 유래한 악기와 그 명칭만을 기술했기 때문은 아닐까?(의문점 ①) 이에 관해서는 뒤에서 다시 언급할 것이다.

그렇다면 중국의 정사(正史)에는 어떻게 기록되어 있는지 비교해서 좀 더 정확하게 그 내용을 파악해보자. 중국 정사 가운데 삼국의 음악 사료가 언급된 것은 모두 열 종인데, 그 가운데 사료적 가치가 있는 것으로 검증된 사서는 《삼국지》·《수서》·《북사》·《구당서(舊唐書)》·《신당서(新唐書)》 등 다섯 종이다. 이 가운데 고구려 악기에 대해 알 수 있는 사료로는, 《수서》의 동이전과 음악지, 《북사》의 열전 그리고 《구당서》의 음악지와 《신당서》의 예악지(禮樂志)가 있다. 먼저 《수서》 및 《북사》에 의하면, 고구려 악기로는 오현·금·쟁·횡취·소·고 종류가 있다. 앞에서 살핀 바와 같이 이 악기들은 모두 중국에서 유래한 것이다. 그런데 이 가운데 금(琴)을 왕산악이 중국의 칠현금을 개조하여 만들었다는 현금으로 해석하는 견해가 있다. 그 까닭으로 든 두 가지 이유 가운데 하나는, 고구려의 대표적인 현악기의 하나인 현금이 《수서》 동이전에서 빠진 점이 제대로 설명되지 않기 때문이라는 것이다.[9] 《수서》는 636년 위징(魏徵, 581~643)에 의해, 그리고 《북사》는 당나라 태종(627~649) 때 이연수(李延壽)에 의해 각기 편찬된 것이다. 즉 위징이나 이연수가 5~6세기경 당시 고구려를 대표하는 악기에 관한 생생한 사료를 바탕으로 역사서를 서술했으므로, 고구려의 가장 대표적인 악기인 현금을 빠뜨릴 수가 없다는 것이다. 그러므로 그들이 기록한 금은 현금을 의미하는 것으로 해석해야 한다는 견해이다.

그러나 이러한 설명으로도 충분히 이해되지 않는 면이 있다. 고구려의 현금은 늦어도 동진이 멸망한 420년 이전에 왕산악이 중국의 칠현금을 개조하여 만든 악기이고, 개량된 후 고구려 음악 활동의 중추적 역할을 했다. 또한 악기명도 분명히 현금이라고 불렸는데, 이를 중국의 금과 구별하지 않고 그냥 금이라고 기록했다는 것은 쉽사리 납득하기 어렵기 때문이다.

어쨌든 다른 중국 정사와 《삼국사기》에 인용된 《통전》이나 《책부원귀》에 인용된 고구려의 악기명을 살펴보아도, '현금'이라는 악기명은 《삼국사기》의 신라악조에서 소개된 것 외에는 없다. 《통전》은 당나라의 두우(杜佑, 735~812)가 펴낸 것이므로 그의 생존 연대를 기점으로 보면, 고구려의 멸망(668) 후약 100여 년의 시간이 흐른 후의 기록임을 알 수 있다. 그래서 그 기록이 정확하지 못하다고 추정할 수도 있을 것이다. 그러나 아무리 100여 년의 세월이 지난 다음이라 하더라도, 다른 악기는 기록하면서 어째서 고구려의 가장 대표적인 악기라 할수 있는 현금은 빠뜨린 것일까? 《통전》보다 늦게 발간된 《책부원귀》는, 북송의 진종(眞宗) 경덕(景德) 2년(1005)에 왕흠약(王欽若)이 지은 것이므로 그 정확성이나 신빙성에 대해서는 더말할 필요도 없을 것이다. 또한 김부식은 《삼국사기》의 신라악조에서 현금에 대해 자세히 설명했고, 신라본기에서도 언급했다. 그런데 고구려의 대표적인 악기를 신라악조에서 소개하면서 정작 고구려악조의 기록에서는 한마디도 없이 생략한 점에 대해 의문을 가질 수 있다. 이에 대해 필자는, 김부식이 신라악·고구려악·백제악의 순서로 악지를 기술하면서 신라악에서 현금에 대해 먼저 언급했기 때문에, 그리고 고구려의 멸망후 그 악이 통일신라의 악으로 흡수되었기 때문에 고구려악조에서는 생략한 것으로 추정한다.

그리고 앞서의 의문은 다음에 살펴볼《수서》권 15의 음악지와《구당서》의 음악지 그리고《신당서》의 예악지에서도 마찬가지다. 먼저《수서》에는 탄쟁·와공후·수공후·비파·오현·적·생·소·소필률·도피필률·요고·제고·담고·패 등 열네 종이 소개되어 있다. 이는《통전》의 기록에서 벗어나는 것이 한 가지도 없이 거의 일치한다. 그리고《구당서》음악지에는 탄쟁·추쟁·와공후·수공후·비파·의취적·생·소·소필률·대필률·도피필률·요고·제고·담고·패 등 열다섯 종이 소개되어 있다. 이 역시《통전》의 기록과 거의 일치하며, 그 기록에서 벗어나는 것이 한 가지도 없다. 마지막으로《신당서》예악지의 기록에 따르면, 탄쟁·추쟁·봉수공후(鳳首箜篌)·와공후·수공후·비파·오현·의취적·생·호로생(葫蘆笙)·소·소필률·도피필률·요고·제고·담고·귀두고(龜頭鼓)·철판(鐵版)·패·대필률 등 20종이 소개되어 있다. 여기에도《통전》이나《구당서》와 달리 봉수공후·호로생·귀두고·철판이 새롭게 기록되어 있을 뿐, 현금은 보이지 않는다. 따라서 중국 정사에는 고구려의 대표적인 악기라 할 수 있는 거문고 즉 현금에 대한 언급이 전혀 없다고 단정할 수 있다. 그렇다면 그 이유는 무엇일까? 더군다나 당시 고구려가 중국과 매우 빈번하게 음악 교류를 했다는 것이 역사적 사실임을 상기한다면, 이것을 어떻게 이해할 수 있는가? (의문점 ②)

잘 알려진 바와 같이《삼국사기》악지에 따르면, 거문고라 불리는 현금은 중국의 진(晉)에서 전해진 칠현금을 당시 고구려의 제이상(第二相)이었던 왕산악이 악기의 본래 모양을 보존하면서 약간 개량·제작한 것인데, 그 개량된 악기로 그에 맞는 곡을 100여 곡이나 작곡하고 또 이를 연주하니 검은 학이 날아오므로 이를 현학금(玄鶴琴)이라 했다가 나중에는 현금이라 이름 붙인 것으로 되어 있다.

이 기록을 통해 몇 가지 중요한 사실을 이끌어낼 수 있다. 첫째, 그 당시 고구려에는 칠현금이 없었다는 것이다. 뿐만 아니라 그 후에도 칠현금은 고구려에 보이지 않는다. 앞에서 살펴본 바와 같이 고구려 악기를 기록한《통전》이나《책부원귀》그리고 중국 정사에 오현이나 금은 있어도 칠현금은 나타나지 않기 때문이다. 이를 보면 중국에서 전래된 칠현금은 왕산악에 의해 바로 개량되었음이 분명하고, 따라서 명칭도 현금으로 바뀌었다는 것을 알 수 있다.

둘째, 왕산악은 이미 칠현금과 비슷한 현악기를 다룰 줄 아는 음악인이었다는 것이다. 만약 왕산악이 그러한 종류의 악기를 다룰 수 없었다면, 처음 개량한 악기로 검은 학이 날아들 정도로 훌륭한 악곡을 100여 곡이나 만들고 또 그것을 연주할 수는 없었을 것이기 때문이다. 여기서 잠시 '검은 학이 날아와 춤을 추었다(玄鶴來舞)'는 기록을 어떻게 이해해야 하느냐 하는 문제를 짚어보아야 할 것이다. 김부식은 문헌을 중시하고, 현실적으로 있을 수 없는 신기한 이야기들을 그대로 믿지 않는 합리주의적인 관점을 지녔던 인물로 잘 알려져 있다. 그런 그가 거문고를 연주하니 검은 학이 날아와 춤을 추었다는 믿기 힘든 표현을 그대로 역사적 사실처럼 기록했다는 것은 고대의 신화 중심적 사관에서 벗어난 유교적 합리주의자로서 특이한 일이라고 하지 않을 수 없기 때문이다. 이러한 관점은 그가 《신라고기(新羅古記)》에 전해지는 '만파식적(萬波息笛)'의 전설을 괴이하여 믿지 못하겠다고 표현한 것과 뚜렷이 비교된다. 그렇다면 이는 정말 검은 학이 날아들었다고 보아야 하는 것이 아닌가 하는 생각이 든다. 즉 검은 학의 도래를 신비로운 악기 소리의 상징적 표현이 아니라 실제적 표현이라고 이해할 수 있다는 것이다. 이는 왕산악이 언제 어디에서 연주했는가에 따라 충분히 있을 수 있는 일이다. 고전적인 표현으로 제비를 흑조(黑鳥)라 했듯이, 현학이 재두루미를 의미하는 것이라고 보면 이 새는 겨울 철새이므로 현학의 도래는 결코 신화적이고 신비로운 표현이 아니라 현실에서 구체적으로 경험할 수 있는 풍경인 것이다.

어떻든 이러한 표현이 왕산악의 탁월한 예술적 경지를 매우 높이 평가하고 있는 서술임은 분명한 사실이다. 왜냐하면 지나가는 새마저 전혀 아랑곳하지 않을 만큼 그의 거문고 연주가 자연의 소리에 가깝거나 자연과 합일한 경지임을 의미하는 것이 되기 때문이다. 이러한 사실은 또한 당시 우리 민족이 무위자연한 소박하고 질박한 천연의 아름다움을 추구한 도가적 심미의식을 가지고 있었음을 은유적으로 드러내는 것이라고도 할 수 있다. 물론 여기서 필자는 '현학래무'를 왕산악이 거문고를 연주하니 그 소리를 듣고 검은 학이 일부러 날아와 춤을 추었다고 해석하기보다는, 왕산악이 어느 겨울 산기슭에서 거문고를 연주하고 있는데 마침 그곳을 지나던 재두루미가 그 곁에서 날개를 접고 머무르고 있는 모습을 그렇게 표현한 것이라고 본 것이다. 이렇게 이해한다면 '현학이 날아와 춤을 추었다'라는 기록이 신비적인 허구라거나, 심지어 이를 근거로 왕산악의 거문고 연주에 대한 기록 자체를 허구로 보는 편협한 견해로부터 자유로울 수 있다. 또한 자연의 소리를 닮은, 자연의 숨결과 하나된 거문고 음악의 아름다움과 이를 은유적으로 표현한 우리 민족의 심미의식을 구체적으로 느낄 수 있게 된다.

이러한 사정은 왕산악이 칠현금이 들어온 후에 뒤늦게 칠현금을 공부하여 이를 개량하고 악곡을 지었다고 생각하는 것이 무리임을 보여주는 것이기도 하다. 지금도 그렇지만 거문고를 배우고 익혀 탁월한 연주자 겸 작곡자가 되려면 수십 년 이상의 시간이 필요하다는 점을 상기해볼 때, 왕산악이 그전부터 이미 칠현금과 유사한 현악기를 다루었다고 보는 것이 순리에 맞을 것이다. 이는 뒤에 거문고가 신라에 전해진 후, 옥보고가 거문고를 배우고 익혀 새로운 악조로 30곡을 만드는 데 무려 50여 년의 세월이 걸렸다는 것을 생각해보면 더욱 분명해진다.

이러한 사실은 결국 중국에서 칠현금이 들어오기 전에 이미 칠현금과 비슷한 현악기가 고구려에 있었다는 것을 의미하는 것이라고 생각한다. 당시의 실제 거문고 또는 거문고의 원형으로 보이는 금 종류의 악기 모양과 연주 모습을 고구려의 고분벽화에서 간접적으로 확인할 수 있다는 사실이 이러한 추정을 뒷받침한다. 현재까지 학계에 알려진 바에 따르면 안악 제3호분·집안 제17호분·무용총·강서대묘·대성리 1호분·통구 12호분·통구오회문 4호분 등에서 그 모습이 입증되었다.[10] 물론 이러한 고분벽화에 보이는 금은 거문고나 거문고의 원형이 아니라고 보는 견해도 있다. 특히 무용총과 집안 제17호분의 현악기에 대해서는 현금으로 보는 국내 학자(조성, 이혜구)의 시각과 와공후로 보는 일본 학자(岸邊成雄, 林謙三)의 시각이 대립하고 있으며, 안악 제3호분의 현악기에 대해서도 의견(조성, 이혜구)이 일치하는 것은 아니다.[11] 그러나 설사 이처럼 고구려 고분벽화에 대한 학계의 견해가 완전히 일치하는 것은 아니라고 하더라도, 적어도 칠현금과 비슷한 종류의 현악기가 고구려에 있었다는 것을 부정하기는 힘들 것이다. 그렇지 않고서는 왕산악에 관한《삼국사기》의 기록이 현실감을 가질 수 없기 때문이다. 그러므로 칠현금과 비슷한 고구려의 현악기를 이미 다룰 줄 알았던 왕산악이, 중국에서 전래된 칠현금을 기존의 고구려의 현악기와 비슷하게 개량한 것이라고 생각하는 것이 자연스러울 것이다. 이렇게 볼 때 왕산악의 악기 개량과 그것을 이용한 작곡 행위는 분명히 독창적인 예술 행위이며, 따라서 왕산악은 기록에 전해진 우리나라 최초의 주체적이고 창조적인 음악인이고, 거문고는 우리나라에서 첫 번째로 개량된 악기가 된다.

2. 백제

《삼국사기》에 기록된 백제악조를 보면, 백제의 악기는《통전》과《북사》에 실린 기록에 의거해 빈약하게 전해지고 있다. 먼저《통전》은 쟁·적·도피필률·공후를,《북사》는 고·각·공후·쟁·우·지·적을 기록하고 있다. 여기서 고구려악조에 기재되

지 않은 것은《통전》의 공후와《북사》의 고·각·우·지·적 등이
다. 이 가운데 공후·우·지·적은 중국을 통해서 들어온 것이고,
고와 각 역시 중국에서 들어온 것으로 추정된다.

한편 중국의 정사 가운데 백제악에 대해 서술한 것으로는
《수서》동이전,《북사》열전,《구당서》음악지 그리고《신당서》
예악지가 있다.《수서》와《북사》에 소개된 악기는 고·각·공후·
쟁·우·지·적 등이고,《구당서》와《신당서》에는 똑같이 쟁·적·
도피필률·공후가 나와 있다. 그리고《수서》와《북사》에 소개
된 악기는《삼국사기》의 기록과 일치하고,《구당서》와《신당
서》의 기록은 도피필률만 다를 뿐 역시 일치한다. 뿐만 아니라
《신당서》의 백제악 관련 기록은《통전》의 기록과 거의 유사하
다. 따라서 백제의 악기는 고구려와 마찬가지로 모두 중국에
서 수용된 것으로 볼 수 있다.

3. 신라

《삼국사기》의 신라악조를 보면, 신라의 악기에 대해서는 고
구려나 백제와 달리 중국의 서적을 인용하지 않고 직접 삼죽
(三竹)과 삼현(三絃), 박판(拍板), 대고(大鼓)를 들고 있다. 이는
곧 이들 악기가《삼국사기》가 씌어진 고려 인종 23년(1145) 무
렵까지 우리나라에 널리 보급된 우리의 악기임을 암시하는 것
이다. 여기서 삼현은 현금·가야금·비파를 말하고, 삼죽은 대
금·중금·소금이다.

(1) 삼현

그럼 먼저 삼현의 유래부터 살펴보자. 현금은 앞에서도 언급했듯이 고구려의 왕산악이 중국의 칠현금을 개량한 것인데, 삼현 가운데 이것을 첫째로 꼽았다는 것은 신라가 이를 수용하여 널리 사용했음을 뜻한다. 그러나 고구려 멸망 후인 신라 효소왕(692~702) 2년에 들어온 거문고는 그 당시에는 일반화되지 못하다가 경덕왕(742~762) 때 옥보고에 의해 그 명맥이 이어졌고, 이로부터 적어도 100여 년이 지난 뒤에야 비로소 널리 보급되었다.

다음으로 가야금 역시 중국의 쟁을 본떠서 만들었다고 하는데,《삼국사기》에 인용된《신라고기》를 보면 그 내용을 좀더 상세히 알 수 있다. 즉 가야국의 가실왕이 당나라 악기를 보고 만들었으며, 아울러 말하기를 '여러 나라의 방언이 각기 다르니 성음(聲音)을 어찌 일정하게 할 것이냐'며 악사 우륵에게 명하여 열두 곡을 짓게 했는데, 그 후 나라가 어지러워지면서 우륵이 악기를 가지고 신라 진흥왕에게 투신했다고 되어 있다. 김부식이 인용한 이《신라고기》의 기록을 토대로 다음과 같은 몇 가지 중요한 사실을 도출해낼 수 있다.

첫째, 가야금은 가야국의 가실왕이 당나라의 악기인 쟁을 개량한 것이다. 물론 가실왕이 직접 악기를 개량한 것이 아니라 악사들에게 명한 것이라 해도 마찬가지다.《신라고기》만 보면 당나라의 악기와 똑같이 만들었다고 해석할 수도 있다. 그러나 그 인용문 바로 앞을 보면 가야금은 쟁의 제도(制度)와 비록 조금 다르지만 대체로 비슷하다고 되어 있다. 즉 비슷하지만 약간 다르다는 것이니 이는 곧 가실왕이 중국 악기인 쟁을 개량한 것이라는 의미가 된다. 그런데 문제는 가실왕이 쟁을 개량할 때 완전히 새롭게 가야금을 창제한 것이냐, 아니면 기존에 있었던 우리의 자생적인 악기('고'라고 불리는)를 토대로 했느냐는 것이다. 이에 대해 가야금은 가실왕이 당의 쟁을 본떠서 만든 것이 아니라 2세기 이후의 줄이 많은 현악기를 가야고(가야금)의 전신으로 보아야 한다는 견해가 있다. 즉 "가야고는 가실왕이 당의 쟁(箏)을 본받아 만든 것이라기보다, 2세기 무렵의 내물왕 이후로 금(琴)으로 소개된 줄이 많은 현악기를 가야고의 전신으로 보는 것이 옳다. 다만, 가야국에 널리 퍼지고 있던 가야고 음악이 명인 우륵에 의해 신라에 전해졌기 때문에 가야(加耶)의 금(琴), 즉 가야금(加耶琴)이라 하게 된 것이라고 판단된다"[12]는 것이다. 또 3세기 이전부터 가야에 진승되었던 '고'라는 현악기를 가실왕의 명령에 따라 개량한 것이 가야금이라는 견해도 있다.[13] 앞의 주장은 가야금이 가실왕이 중국의 쟁을 본받아 만든 것이 아니라는 것이고, 뒤의 주장은 쟁을 본받아 만들었지만 기존에 있었던 우리의 자생적인 악기인 고를 토대로 개량한 것으로 본다는 점에서 차이가 있다. 필자는 후자의 견해가 좀 더 설득력 있다고 생각한다. 그 이유는 첫째, 만약 전자의 견해가 사실이라면 이는 김부식이 인용한《신라고기》자체에 오류가 있든가 아니면 김부식이 이를 인용하면서 잘못 기록한 결과라는 의미가 되는데, 이는 곧《삼국사기》악지의 신빙성을 정면으로 부정하는 것이 되기 때문이다. 둘째, 우륵이 새로 개량된 악기로 12곡을 지었다면 이는 우륵이 이미 쟁과 비슷한 현악기를 다루는 법을 알고 있었다고 보아야 할 것이므로, 따라서 쟁과 비슷한 현악기가 가야국에 있었다는 것이 된다. 그러므로 이 쟁과 비슷한 현악기가 바로 앞서 말한 줄이 많은 현악기, 즉 금 또는 '고'로 소개된 악기라고 추정하는 것이 가능하다고 본다. 물론 그것이 정말 가야금의 전신인지는 지금까지의 연구로는 확실히 밝혀지지 않은 상태이기는 하다. 하지만 그렇다고 해서 가야금은 가야국의 가실왕이 중국 악기를 개량한 것이라는《신라고기》의 인용문을 부정할 수는 없다. 쟁을 모방하여 새롭게 창제한 것이든, 우리의 고유한 악기를 토대로 이를 개량한 것이든, 가야금은 가실왕이 중국의 쟁을 개량해서 만든 것이라는 사실에는 변함이 없기 때문이다.

그리고 또 하나, 여기서 말하는 당나라를 중국 역사상의 당나라(618~907)로 해석해서는 안 된다. 왜냐하면 가실왕의 생존 연대가 562년을 넘을 수 없기 때문이다. 이 무렵의 중국은 수(隋)로 통일되기 전의 남북조 시대이다. 그렇다면 왜 '당'이라고 표현했는가? 당나라가 아직 존재하지 않았다면 당나라 악기도 있을 리 없지 않은가. 이는 김부식이 인용한《신라고기》자체의 오기든가, 또는 김부식이 이를 옮겨 적으면서 오류를 범한 것이라고 생각할 수 있다. 아니면 김부식 당대에는 중국을 의미할 때는 당이라고 표현하는 것이 일반적인 용례였기 때문인지도 모르겠다. 어떻든《삼국사기》의 기록에 따르면, 가야금이 당나라의 악기는 아니지만 중국의 악기를 본떠서 만든 것임은 분명하다. 왜냐하면《삼국사기》의 신라악조는 가야금은 가실왕이 중국의 쟁을 본받아서 만든 것이라고 기록하고 있으며, 또한《삼국사기》의 신라본기에도 가실왕이 열두 달의

율려를 모방하여 12줄 현금을 만들었다고 되어 있기 때문이다. 이것은 바로 가실왕이 중국의 쟁을 모방한 법칙 또는 근거를 밝혀주는 사료이기도 하다.

둘째, 가실왕은 개량한 악기로 자국의 실정에 맞는 곡조를 만들게 했다. 즉 가실왕은 악기를 주체적으로 개량했을 뿐만 아니라 그 개량된 악기로 우리 민족의 정서에 들어맞는 곡조를 만들도록 했는데, '여러 나라의 방언이 각기 다르니 성음을 어찌 일정하게 할 것이냐'라고 그 이유를 분명히 밝혔다. 여러 나라의 방언이 다른 것처럼 각 나라의 음악도 다를 수 있다는 이러한 언급은 훈민정음 어제(御製)의 "나랏말이 중국과 달라 중국 문자와 서로 통하지 아니하므로, 우매한 백성들이 말하고 싶은 것이 있어도 마침내 제 뜻을 잘 표현하지 못하는 사람이 많다"라는 표현이나, 성인지(1396~1478)가 이를 부연하여 《훈민정음》서문에 쓴 "사방의 풍토가 다르매, 성기(聲氣) 또한 따라서 다르다. 대개 중국 외의 말은 그 소리는 있어도 글자가 없으므로, 중국 글자를 빌려서 쓰는데, 이것은 도끼자루가 구멍에 맞지 않는 것과 꼭 같으니, 어찌 능히 통해서 막힘이 없겠는가!"[14]라는 글과도 일맥상통한다. 즉 가야금과 창제 동기와 내용은 비록 다르지만, 그 바탕에 깔린 사고방식의 논리적 형식은 놀랍게도 매우 흡사하다.

또한 이는 악기 개량의 주체성과 음악 창작의 자주성 또는 독창성은 서로 밀접하게 연관되어 있음을 보여주는 것이기도 하다. 이러한 예는 가실왕이 개량한 가야금으로 우륵이 작곡한 열두 곡이 신라인들에게는 '번거롭고 음란하게 들려' 결국 신라인들이 '즐거우면서도 지나치지 않으며, 애절하면서도 슬프지 아니한' 다섯 곡으로 개작했다는 기록에서도 확인할 수 있다. 즉 가실왕이 중국의 악기를 우리 것으로 개량하고 우리 실정에 맞도록 악곡을 만든 것처럼, 그렇게 만들어진 가야국의 악곡 또한 신라인의 정서에는 맞지 않아 이를 다시 개작하게 되었던 것이다.

셋째, 가실왕·우륵·진흥왕은 거의 동시대 인물이다. 가야국 가운데 본가야는 532년(법흥왕 19)에, 대가야는 562년(진흥왕 23)에 각각 신라에게 정복당했으며, 진흥왕은 540∼576년에 왕위에 있었으므로, 가실왕은 대가야의 왕이라고 할 수 있다. 왜냐하면 우륵이 신라 진흥왕에게 귀화한 것은 가야국이 멸망하기 전이고, 진흥왕이 재위한 것은 540년 이후이기 때문이다. 물론 가실왕이 통치한 나라가 대가야가 아닌 다른 가야국일 수 있다는 추정도 가능하다. 그러나 5세기 후반에서 6세기 초에 걸쳐 가야국들이 대가야를 중심으로 가야연맹을 맺고 세력을 떨치며 영역을 확대해나간 사실로 볼 때 가실왕은 대가야의 왕이고, 우륵은 대가야의 궁정 악사라고 하는 것이 타당하다. 또한《삼국사기》신라본기 기록에 따르면, 가야에서 투항한 우륵과 그 제자 이문(尼文)을 불러 음악을 들은 시기는 진흥왕 12년인 551년 3월이며, 그때 연주한 악기는 가실왕이 개량한 가야금임이 분명하다. 왜냐하면 위의《삼국사기》신라본기 기록에 바로 이어서 서술되어 있기 때문이다.

이상의 내용을 종합해볼 때 우륵은 대가야가 망하기 전인 551년에 귀화했으며, 가야금은 그전에 만들어진 것이 되므로 532년과 551년 사이에 제작되었음이 분명해진다. 따라서《삼국사기》

의 기록에 따르면, 6세기경 인물인 가실왕은 왕산악에 이어 두 번째로 외래 악기를 주체적으로 개량하고 음악 창작의 자주성을 실현한 인물이며, 가야금은 거문고에 이어 역사상 두 번째로 개량된 악기가 된다. 뿐만 아니라 '여러 나라의 방언이 각기 다르니 성음을 어찌 일정하게 할 것이냐'라는 가실왕의 언급은, 주체적인 음악관을 표출하는 우리나라 최초의 문헌 기록임이 분명하다. 그러한 음악관을 지닌 인물이었기 때문에 가실왕이 중국의 악기를 개량했고, 더 나아가 우리 실정에 맞는 곡조를 만들었다는 기록은 더욱더 신빙성이 크다고 할 수 있다. 그러므로 가실왕은 우리나라 음악사상사에서 최초로 주체적인 음악사상을 구현한 인물로 자리매김되어야 한다.

그러나 한국음악사에서 왕산악과 우륵 그리고 옥보고가 차지하는 명성과 중요성에 비해 가실왕에 대한 평가는 거의 무시되고 있는 듯이 보인다. 이는 음악(문화)사를 연주자 혹은 작곡자 중심으로 서술했기 때문일 것이다. 이러한 상황에서 최종민 교수는 처음으로 가실왕이 음악사상사에서 차지하는 중요성을 비교적 상세히 천명했다.[15] 물론 그전에도 "가야금을 창조한 가실왕의 업적도 크다 하려니와…"[16]라고 하여 짤막하나마 직접적으로 가실왕을 평가한 글이 있었으며, 이혜구 박사는《삼국사기》의 글을 인용하여 "중국 악기를 자기 음악에 맞게 개조하여서, 거문고와 가야금 같은 자기 악기를 새로 만들어서 자기 음악의 특색을 살렸다는 것은 경탄할 만합니다"[17]라고 간접적인 평가를 내린 바 있다. 앞으로 더 큰 관심과 정당한 평가를 기대해본다.

또한 우리는 여기서 진흥왕을 주목할 필요가 있다. 기록에 전하는 바에 따르면, 진흥왕 역시 가실왕 이상으로 주체적인 음악 사상을 지닌 인물이라 할 수 있기 때문이다. 《삼국사기》 신라악 조에는 다음과 같은 기록이 있다. 가야국의 우륵이 가야금을 가지고 신라 진흥왕에게 귀화하여 살면서 가실왕의 명으로 지은 열두 곡을 신라인(법지·계고·만덕)에게 전수했는데, 그들은 이 곡들이 "번거롭고 음란하여(혹은 지나쳐서) 고상하고 바르지 못하다"고 하면서 이를 다시 요약하여 다섯 곡으로 만들었다. 이에 우륵이 처음에는 노했으나 그 곡을 듣고는 눈물을 흘리면서 탄식하며 말하기를, "즐겁지만 지나치지 않고, 애처롭지만 슬프지 않으니 올바르다고 할 수 있다"라고 했다. 그리고 진흥왕 앞에서 이 곡을 연주하니 왕이 크게 즐거워했다. 그러나 신하들이 의논하여 말하기를, "망한 가야국의 음률은 취할 것이 못 됩니다"라고 했지만, 왕은 "가야왕이 음란하여 스스로 멸망했는데 음악이 무슨 죄가 되겠느냐? 대개 성인이 악을 제정하는 것은 인정으로 연유하여 조절하게 한 것이니, 나라의 태평함과 어지러움은 곡조로 말미암은 것이 아니다"라고 하면서 행하게 하여 대악(大樂) 즉 신라의 궁중음악이 되었다.

이를 통해서 이끌어낼 수 있는 몇 가지 중요한 사실이 있다. 첫째, 법지·계고·만덕으로 대표되는 당시 신라 관료들의 음악관이다. 그들은 가야국에서 작곡한 우륵의 음악을 "번거롭고 음란하여 고상하고 바르지 못하다"며 비판한다. 즉 음악은 고상하고 발라야 한다는 것이 그들의 음악관이다. 이는 안회(顔回)가 일국의 정치의 방법을 물었을 때 공자가 "악은 소(韶)[18] 와 무(舞)[19]를 쓰고, 정나라 노래는 몰아내고 간사한 자들은 멀리한다. 정나라 노래는 음란하고, 간사한 자들은 위태롭기 때문이다"[20]라고 한 말을 연상시킨다. 말하자면, 나라에서 장려해야 할 음악은 '소'나 '무'와 같은 것이고 정나라의 음악과 같은 음란한 것은 금해야 한다는 것이다. 이는 물론 공자로 대표되는 전형적인 유가의 음악사상이다. 그런데 신라의 관리들도 이와 유사한 생각을 하고 있었다는 것은 놀랍다. 즉 신라인들은 가야국의 음악을 정나라의 음악과 같이 음란한 음악으로 간주하고 개작한 것이다. 이를 통해서 유가의 음악사상이 당시 신라에도 이미 널리 퍼져 있었다고 추정할 수 있다.

둘째, 궁중 악사인 우륵의 음악관이다. 우륵은 자신이 전수해준 음악을 신라인들이 개작한 다섯 곡을 듣고 "즐겁지만 지나치지 않고, 애처롭지만 슬프지 않으니 올바르다고 할 수 있다"라 했다. 즉 음악은 즐겁되 지나치지 말아야 하고, 애처롭되 슬프지 않아야 한다는, 음악미의 척도로서의 '중용'의 원칙을 말하고 있다. 이 역시 공자의 《시경》의 관저(關雎)는 즐거우면서도 지나치지 않고, 슬프면서도 마음 상하게 하지는 않는다"[21]라는 심미 판단과 매우 유사하다.

그렇다면 우륵은 왜 그러한 음악관을 가지고 있으면서도 가야국에서는 '번거롭고 음란한' 곡을 작곡했는가? 아마도 그는 가실왕의 비위를 맞추기 위해 작곡을 했는데, 그것이 융성하고 있는 신라인의 음악적 감수성에는 맞지 않았을 것이다. 우륵이 처음에는 노했다가 나중에 신라인들이 개작한 곡을 듣고 '눈물을 흘리면서 탄식'한 것은, 처음에는 자신의 권위에 도전한 것이 불쾌하여 화를 냈지만 잘 들어보니 그 음악이 평소 자신이 품고 있었던 참된 중용을 실현한 음악이라고 느껴져, 부끄러운 한편 회한과 감격이 어우러졌기 때문일 것이다. 이러한 추정이 좀 더 설득력을 지니려면 우륵이 가야금을 가지고 신라에 투항한 배경을 살펴볼 필요가 있다. 왜 우륵은 가실왕을 배신했을까? 대개 한 나라의 붕괴는 왕의 횡포와 방탕에서 비롯되는 경우가 많다. 처음과 달리 말년의 가실왕은 사치와 향락에 젖어 있었을 것이고, 당시 궁정 악사였던 우륵은 가실왕의 명에 따라 쾌락 위주의 가야금 음악을 작곡했을 것이다. 그런 작곡 행위에 만족했다면 끝까지 가실왕과 운명을 같이했을 터이지만, 그는 진정한 예술가로서 그러한 일을 견디지 못하고 결국 진흥왕에게 투항하는 결단을 내린 것이 아닐까. 어쨌든 중국과의 교류가 그리 활발하지 못했을 남쪽의 작은 가야국의 관료인 우륵에게까지 공자의 음악 사상이 영향을 미쳤음을 미루어 짐작할 수 있다.

셋째, 진흥왕의 음악관이다. 신라의 입장에서 가야국은 분명히 타국 내지 적국이다. 그런데 진흥왕은 신하들의 만류에도 불구하고 가야국의 악기와 악곡을 흔쾌히 포용하면서, 자신의 음악관을 대담하게 표현했다. 즉 악은 인정에 연유하여 이를 조절하기 위해 성인이 제정하는 것이기는 하지만, 나라의 존망과 그 나라의 음악은 별개라고 말했다. 필자는 이처럼 대담하면서도 간결한 발언에 사실 대단히 중요한 의미가 내포되어 있다고 생각한다. 이는 당시 신라의 지배 계층이 중국의 지배적인 음악사상인 유가의 음악사상뿐만 아니라, 이를 비판한 도가의 음악사상도 널리 인지하고 있었음을 보여주기 때문이다. 그리고 앞에서 왕산악의 거문고 연주를 도가적 심미의식의 발현이라고 규정한 것과 연관 지어볼 때, 당시 중국의 대표적인 두 음악사상이 고구려와 신라의 지배 계층 모두에게 영향을 미쳤음을 알 수 있다(이에 대해서는 보론을 참조하라).

그런데 재미있게도 진흥왕보다 약 50년 후의 인물인 중국의 당 태종도 이와 비슷한 생각을 하고 있다. 즉 음악을 백성을 교육하는 도구라고 생각하면서도 다른 한편으로는, '인심(人心)'이 능히 정치를 반영한다는 것은 인정하지만 음악에 일정한 내용이 있어서 직접 정치를 반영할 수 있다는 것이나 음악이 정치에 결정적인 영향을 줄 수 있다는 것을 인정하지 않았다. 이러한 당 태종의 관점은 위진시기 도가적 음악관을 피력한 혜강(嵆康, 223~262)과 매우 비슷하다. 어쨌거나 진흥왕이 도가의 사상을 적극적으로 받아들인 것은 아니라고 하더라도, 적어도 유가의 음악사상에 얽매이지 않았다는 것만은 틀림없다. 따라서 진흥왕은 중국의 대표적인 음악사상을 창의적으로 받아들인 인물로서 우리나라 음악사상사에서 가실왕에 이은 두 번째의 주체적인 음악사상가라 보아도 좋을 것이다.[22]

그러나 설사 이러한 내용을 전혀 몰랐다고 하더라도 적국인 가야국의 악기와 음악을 포용한 진흥왕의 태도는, 오히려 그가 더욱 독창적인 음악사상을 지닌 인물이라는 것을 보여주기에 아무 부족함이 없다.

다음으로 비파에 대해 살펴보자. 비파는 고구려악조에서 중국을 거쳐 들어온 것으로 소개된 바 있다. 그러나《삼국사기》에서는 그것과는 분명히 다른 '향비파'란 명칭을 쓰고 있다.《삼국사기》에 따르면 향비파는 당제(唐製)와 대동소이한 것으로, 신라에서 쓰이기 시작했지만 누가 처음 만들었는지는 알 수 없다고 했다. 이 기록에서 다음과 같은 몇 가지 사실을 추론해낼 수 있다. 첫째, '신라', '우리나라', '동방' 또는 '동토'를 의미하는 '향'이란 접두사가 악기명에 처음 등장했다는 점이다. 이는 통일신라 때 수용된 당의 악기 가운데 하나인 비파와 구분하기 위한 표현이라 할 수 있다. 즉 삼국 통일 후 당의 문물이 급속하고도 광범위하게 밀려들어오자, 우리 것과 구분하는 의미에서 '향'이란 접두사를 사용하기 시작했다는 것이다. 이는 오늘날 우리 것을 한복이나 한식, 한옥이라 하고, 서양 것을 양복이나 양식, 양옥이라고 부르는 것과 같은 이치라 할 수 있다.

둘째는 비파가 신라에서 처음 만들어진 악기라는 것이다. 물론 고구려에서 일찍부터 중국을 거쳐 전래된 비파가 사용되었고, 그것을 신라가 수용한 것이므로 엄격히 말하면 신라에서 기원했다고 할 수 없다는 견해도 있지만,[23] 좀 다른 각도에서 생각해보

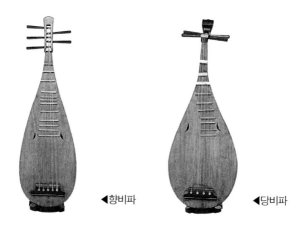

◀향비파   ◀당비파

자. 고구려에서 사용된 비파가 당비파라면, 신라에서는 그것을 수용하면서 원래와는 다르게 개량하고 이를 당비파와 구분하여 향비파라 명명한 것이다. 따라서 향비파는 당비파와 대동소이하지만 신라인이 독자적으로 개량하고 아울러 그에 어울리는 이름을 부여한 것이므로, 신라에서 기원한 것이라는 지적은 정확할 뿐만 아니라 정당하다고 하지 않을 수 없다.

셋째, 누가 그것을 만들었는지 알 수 없다는 것이다. 이는 적어도 제작자가 지배 계급이 아니라는 것을 뜻한다. 지배층이 만들었다면 분명히 기록에 남아 있을 것이기 때문이다. 그리고 무려 212곡이나 되는 향비파 악곡이 전해지고 있음에도 불구하고 그 작곡자가 알려져 있지 않다는 사실 역시 왕산악이나 우륵과 같은 지배계층의 인물이 작곡하지 않았음을 뜻한다. 또한 그렇게 많은 악곡이 만들어졌다는 것은 작곡자가 여러 사람이라는 것을 암시하는 것이다. 이러한 사실로 미루어볼 때 당시 일반인들 사이에 향비파가 널리 애호되고 있었음을 알 수 있다. 그리고 제작 시기는, 비파가 고구려에 수용된 것이 5세기 무렵이므로 적어도 그 후에 만들어졌을 것이고, 향비파란 명칭이 붙여진 것으로 보아 신라가 삼국을 통일하고 당비파를 수용한 7세기 무렵이나 그 후가 될 것이다. 백제의 악기에 관한 기록에 비파가 소개되어 있지 않은 것을 보면, 신라에 비파가 들어온 것이 삼국을 통일한 후일 것이라는 추정은 더욱 설득력을 지닌다. 어떻든 향비파 역시 거문고, 가야금과 마찬가지로 중국에서 수용한 악기를 우리 민족이 독창적으로 개량하고 이름을 달리하여 널리 사용한 향악기임에 틀림없다.

(2) 삼죽

삼죽에 속하는 대금(大芩)·중금(中芩)·소금(小芩)은 금을 크기에 따라 나눈 것이다. 그렇다면 금은 어디에서 유래한 것인가?《삼국사기》에 따르면 삼죽 역시 당적(唐笛)을 모방하여 만든 것이고, 향삼죽(鄕三竹)은 역시 신라 때부터 시작되었으나 누가 만든 것인지는 알 수 없다고 한다. 이 기록에서 다음과 같은 몇 가지 사실을 추론해낼 수 있다.

첫째, 삼죽과 향삼죽으로 구분되었다. 여기에서도 우리나라 것이라는 의미의 '향'이라는 접두사가 삼죽 앞에 붙어 있다. 이는 곧 당적은 외래의 것이고, 향삼죽은 우리 것이라는 의미다.

둘째, 삼죽은 당적을 모방한 것이고, 향삼죽은 신라 때에 시작되었다는 사실이다. 이는 신라 사회에 먼저 당나라의 적이 수용되었으나, 그 적을 개량하여 신라인의 적 즉 향삼죽으로 제작했다는 것을 뜻한다. 이에 대해 신라 삼죽의 기원을 고구려의 횡적 또는 횡취를 수용하여 발전시킨 것으로 보아야 타당하다는 견해도 있다.[20] 그러나 고구려의 횡적이나 횡취는 5세기경에 서

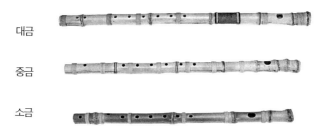

대금

중금

소금

역에서 중국 북쪽 지방을 거쳐 수용한 것이고, 신라의 삼죽은 신라 하대(780~935) 무렵에 당나라의 적을 모방하여 만든 것이라고 한다면,[25] 여기서 신라의 삼죽이 단지 고구려의 횡적 또는 횡취를 수용하여 발전시킨 정도가 아니라 이를 주체적으로 개량하고 이름도 바꾸었다는 점에 크게 주목할 필요가 있다. 적어도 고구려나 백제에는 대금·중금·소금 같은 '금'이라는 명칭 자체가 없지 않은가! 왜 신라인들은 당적이나 횡적 또는 그냥 적이라고 하지 않고 대금·중금·소금이라는 새로운 명칭을 부여했을까? 그것은 두말할 필요 없이 그들의 독창적인 음악관에서 비롯된 것이다. 즉 신라인들은 외래 악기를 자국의 정서와 심미의식에 맞게 개량하고, 아울러 그것에 자주적인 명칭을 부여했던 것이다. 이는 곧 당시의 강대국인 당나라의 예악사상에 비추어보았을 때, 이는 곧 신라(통일신라)가 정치적으로 뿐만 아니라 음악예술에서도 주체적인 심미의식을 지닌 자주국임을 천명하는 매우 뜻깊은 의미를 지닌 것이라 하지 않을 수 없다(가정 ①).

그리고 이러한 가정은 단순한 상상이나 추측에서 나온 것이 아니다. 역사적 사료를 통해서 명백히 입증할 수 있는 사실이다. 그것은 바로 '금(笒)'이라는 글자와 대금·중금·소금이라는 악기명을 통해 가늠할 수 있다. 필자는 금이라는 글자나 대금·중금·소금이라는 악기명을 중국의 사전이나 음악자료를 통해 확인하는 과정에서 매우 놀라운 사실을 발견했다. 먼저 필자가 참고한 사서를 밝히면 중국의 가장 오래된 사전이자 경전인《이아(爾雅)》, 동한 초에 허신(許愼)이 편찬한《설문해자(說文解字)》, 1983년 북경에서 출판된 수정본《사원(辭源)》, 1986년 제1권이

출판된 이래 1994년에 부록까지 포함해서 전 13권으로 완간된 중국사서사상(中國辭書史上)의 이정표라 불리는《한어대사전(漢語大詞典)》,《한어대자전(漢語大字典)》,《중화자해(中華字海)》, 대만에서 발행한《국어사전》그리고 마지막으로 고려대학교 민족문화연구소에서 1995년 간행한《중한대사전》이다. 위에 열거한 여러 사전 가운데《한어대자전》을 제외하고는 금은 물론 대금·중금·소금도 없으며, 놀랍게도 현금 역시 찾을 수 없다. 이는 무엇을 의미하는가?《이아》와《설문해자》에 금이 보이지 않는다는 것은 동한(25~220) 초까지 이 글자가 없었다는 것을 의미한다. 왜냐하면 대체로 한자의 역사는 최소한 지금으로부터 4천 년 이전으로 거슬러올라갈 수 있지만, 문자가 발생한 후 기원전 200년에서 기원후 200년에 걸쳐 거의 완전히 정비되어 현재까지 그 상형적 성격이 계속 유지되고 있는 것으로 보기 때문이다.[26] 또한 최근에 발행된《사원》이나《한어대사전》,《국어사전》,《중한대사전》등에 '금'이 빠져 있다는 것은, 확실히 말할 수는 없지만 설사 '금'이라는 글자가《설문해자》가 편찬된 후에 만들어졌다 하더라도 현재 중국에서는 이미 사어가 되었음을 명백히 입증하는 것이다. 같은 자전이라도 1988년에 출간된《한어대자전》에는 나와 있지만, 그보다 후에 나왔으며 수록된 어휘가 더 많은《중화자해》에는 금이라는 글자가 빠져 있는 데서도 이를 확인할 수 있다.

또한 고고학 자료에 나타난 악기 색인에도 금이나 대금·중금·소금이라는 악기명은 없다.[27] 이 색인은 한국 고대음악사 연구와 관련된 한국 및 중국의 고고학 자료에 나타난 악기를 대상으로 한 것이며, 고고학 자료는 고분벽화·범종·석탑·토우·유물 기타를 포함한 것으로, 고려 이전의 자료까지를 수록한 것이다. 또한 진양(陳暘)의 《악서(樂書)》의 세목 색인에도 금이나 대금·중금·소금이라는 악기명은 없다.[28] 뿐만 아니라 현금이나 가야금·향비파처럼 우리가 독자적으로 개량한 악기 명칭 역시 전혀 보이지 않는다. 《악서》는 송나라 휘종(1100~1125) 때 사람 진양이 중국 역대의 음악이론과 악기, 춤과 노래에 관한 글을 모아서 체계적으로 정리하여 200권으로 펴낸 음악이론서다. 이 책은 동양음악학계에 중국음악의 역사와 이론을 연구하는 데 중요한 문헌의 하나로 알려져 있다. 이런 서적에도 금이나 대금·중금·소금이라는 항목은 보이지 않는다. 그리고 그보다 약간 후에 나온 서긍(徐兢, 1091~1153)의 《고려도경(高麗圖經)》의 향악기 소개 항목에도 없다. 또한 일본의 《고사유원(古事類苑)》이나 《육국사(六國史)》의 한국음악 관련 기사의 색인에서도 대금·중금·소금은 물론, 현금·향비파·가야금이라는 악기명을 찾을 수 없다. 다만 일본의 대표적 사서인 《대한화사전(大漢和辭典)》에는 금이 나와 있는데, 여기에도 현금은 보이지 않는다.

하지만 우리의 역사서인 《고려사》와 《삼국사절요》에는 대금·중금·소금뿐만 아니라 현금·향비파·가야금이라는 악기명이 모두 분명히 기재되어 있다. 그리고 조선시대 최고의 악전(樂典)인 《악학궤범》의 향부악기도설(鄕部樂器圖說)에도 현금·향비파·가야금과 아울러 대금이 명백히 기록되어 있으며, 《조선왕조실록》에는 중금을 제외하고 대금·소금·가야금·현금·향비파가 모두 실려 있다.[20] 나아가 이들 악기로 연주한 악곡도 뚜렷이 남아 있다. 대금과 중금·소금 그리고 향비파의 악곡은《삼국사기》와 《삼국사절요》에 기록되어 있으며, 현금은 1512년 안상(安瑺)이 편찬한《금합자보(琴合字譜)》에 실려 있다.

마지막으로 또 한 가지 특기할 만한 사실은, 1956년 평양 국립 출판사에서 발행한 북한판《악학궤범》번역본에서는 금을 '함'이라고 하여 대함·중함·소함으로 부른다는 사실이다. 그런데 우리의 국어사전에도 금은 함이며, 대금을 대함, 중금을 중함, 소금을 소함으로 부르는 것이 원래의 말이라고 되어 있다. 그러나 1991년에 간행된 한글학회의《우리말큰사전》에는 그냥 금이라고만 되어 있을 뿐 '함'이 원래의 말이라는 설명은 없다. 한편 국내에서 발행한 한한사전(漢韓辭典)에 보면 금의 음이 ①금(젓대, 점을 치는 데 쓰이는 대오리), ②함(속찬대, 속이 비어 있지 않은 대나무의 일종), ③잠(대나무의 일종) 세 가지로 나와 있다. 이에 대해 대금의 금 자(字)가 원래 속밴대 함자로 속

악학궤범

이 밴 알찬 대라는 뜻인 것도 악기의 소재로 안성맞춤인 것을 설명하는 것이며, 현재 대함은 와전된 속음, 즉 대금으로 불리고 있다는 견해도 있다.[30] 이와 같은 여러 명백한 증거들은 바로 금이라는 한자가 중국에서 유래한 중국 고유의 언어나 악기명이 아니라 우리 고유의 언어이고 악기명이라는 사실을 한층 명확하게 입증하는 것이며, 또한 처음에는 금을 함이라고 부른 것이 아닌가 생각한다. 나아가 금이라는 글자가 중국의 사서에는 거의 안 보이지만 일본의 사서에는 기재되어 있다는 것은, 이것이 분명히 우리 고유의 문자이며 당시 통일신라의 여러 우수한 문물이 일본에 전파되면서 같이 전해졌음을 방증하는 것이라 할 수 있다.

그렇다면 이 엄청난 사실은 무엇을 의미하는가? 그것은 바로 금이 신라에서 독창적으로 개량된 악기이고, 신라인이 새롭게 그 악기에 이름을 부여했다는 것을 의미하는 것이다. 따라서 이처럼 외래 악기를 독창적으로 개량했다는 것, 그것도 하나가 아니라 크기에 따라 세 가지씩이나 만들어냈다는 것, 또 악기를 개량하는 차원에서 끝난 것이 아니라 한 걸음 더 나아가 새로운 우리 고유의 글자까지 만들어서 그 개량된 악기에 명명했다는 것은 신라인의 철저한 주체적이고 창조적인 음악사상을 드러내는 것이라 하지 않을 수 없다.

셋째는 삼죽의 제작자가 누구인지 알 수 없다는 점이다. 향비파와 마찬가지로 삼죽 역시 누가 만들었는지 알 수 없다는 것이다. 그러므로 삼죽의 제작자도 지배계층이 아니라는 얘기가 된다. 또한 삼죽의 제작자나 제작 시기는 정확히 알 수 없지만, 그 명칭만은 삼국통일 후에 붙여졌다고 단정할 수 있다. 기록에 따르면 삼죽의 악조는 일곱 가지나 되고, 악곡도 대금·중금·소금 모두 합하여 무려 867곡이나 된다. 이는 악조가 두 개인 현금과 가야금 그리고 세 개인 향비파와 비교할 때 현격한 차이를 보이는 것이다. 그리고 악곡의 경우에도 현금은 흩어지고 유실된 탓도 있지만 187곡이 전해지고, 가야금은 185곡, 향비파는 212곡인 데 비해, 삼죽은 무려 900곡에 가까운 숫자이다. 이는 향비파와 마찬가지로 향삼죽을 제작하여 작곡·연주한 사람들이 바로 통일신라 무렵의 일반 민중임을 명백히 입증하는 것이다. 아울러 이를 통해서 그 당시 향삼죽이 얼마나 오랫동안 대중의 사랑을 독차지했는지, 당시 심미의식 또한 얼마나 그윽하면서도 맑고 심원했는지를 충분히 헤아리게 한다.

(3) 박판과 대고

이 두 악기는 《삼국사기》 신라악조의 처음 부분에만 언급되어 있을 뿐 자세한 내용은 기록되어 있지 않다. 박판은 통일신라 때 당나라의 것을 수용한 것으로 알려져 있으나, 대고의 유래는 분명하지 않다. 그러나 진양의 《악서》에 두 악기 모두 기록되어 있는 것으로 볼 때, 역시 중국에서 들어온 것으로 추정된다.

이상의 논의를 종합해보면, 삼현과 삼죽은 모두 중국에서 유래했으나 이 가운데 고구려에서 개량된 거문고와 가야국에서 개량된 가야금을 제외하고는 모두 신라인들이 주체적이며 창조적으로 개량하여 널리 애용했던 악기이고, 이 삼죽과 삼현은 그 후 명실공히 우리나라 고유의 전통악기로 자리 잡게 된 것이다.

제 4 장 ——————— 예악사상과
악기

앞에서도 보았지만《삼국사기》신라악조는 고구려나 백제와 달리 중국 문헌을 인용하지 않았으므로, 중국의 정사에서는 신라의 악기를 어떻게 기록하고 있는지 비교해서 좀 더 정확하게 그 내용을 파악해보자.

1. 예악사상

중국 정사 가운데 삼국의 음악 사료가 언급되어 있는 것은 모두 10종이고, 그 가운데 사료적 가치가 있는 것으로 검증된 역사서는 앞서 언급했듯이 《삼국지》·《수서》·《북사》·《구당서》·《신당서》 등 다섯 종이다. 그런데 놀랍게도 신라의 악기에 관한 기록은 한 군데도 없다. 고구려와 백제의 악기에 대해서는 《수서》·《북사》·《구당서》·《신당서》에 모두 기재되어 있는데, 어째서 유독 신라의 악기에 대해서만은 그 어떤 기록도 보이지 않는 것일까? 한두 군데도 아니고 4종의 정사에 모두 빠져 있다는 것은, 단순한 착오로 인한 누락이 아님을 명백히 입증하는 것이다(의문점 ③).

그렇다면 이러한 역사의 미스터리를 어떻게 이해해야 하는가? 필자는 이 문제가 앞에서 제기한 여러 의문점과 매우 긴밀히 연관되어 있다고 본다. 그럼 앞에서 제기한 의문점들을 다시 정리해보면, ① 《삼국사기》 악지에서 인용한 중국 문헌의 기록에 따르면 고구려와 백제의 악기가 모두 중국에서 유래한 것으로 되어 있는데, 그것은 그 인용 문헌의 저자가 중국인이므로 중국에서 유래한 악기와 명칭만을 기술한 것이 아닌가 하는 점 ② 고구려의 대표적인 악기인 현금이 중국 정사나 중국 문헌에서 빠진 점 ③ 고구려·백제·신라 가운데 신라의 악기만 중국 정사에 기록되지 않은 점이다. 필자는 ②→①→③의 순서로 문제를 해결하고자 한다. 이를 위해 먼저 앞에서 설정한 가정 ①, 즉 당시 중심국인 중국의 예악사상의 영향을 입증하고, 이를 토대로 의문의 실마리를 풀어나가겠다.

그럼 예악사상이란 무엇인가? 그것은 공자에서 비롯된 유가(儒家)들이 인류의 도덕 질서(즉 정치 질서)의 틀로서의 '예(禮)'를 최고의 이상적 가치 체계로 설정하고, 모든 사람이 이 '예'를 자연스럽게 따르고 받아들이도록 하기 위해 성인(聖人, 유가에서 가장 이상시하는 '내성외왕'의 덕을 체득한 인격자)이 '예'와 더불어 제작한 '악(樂)'으로 교화함으로써 인류의 이상 사회를 실현시킬 수 있다는 믿음이라고 할 수 있다. 따라서 그들에게 악이란 이상화된 통치 이데올로기인 예를 실현하기 위한 이념적 도구일 뿐, 독자적인 의미와 가치를 지닌 것이 아니다. 그리고 당시의 악이란 개념 안에는 악기의 연주뿐만 아니라 노래와 춤이 함께 내포되어 있으며, 아울러 그 내용과 형식이 모두 윤리·도덕적이어야 한다는 규범적인 성향을 매우 강하게 가지고 있다.

여기서는 예악에 관한 전반적인 사상 가운데 예와 악의 관계에 초점을 맞추어 살펴보도록 하겠다. 왜냐하면 앞에서 삼국시대의 음악사상이 중국의 강력한 예악사상의 영향 아래 있었다고 했으므로, 음악 자체가 아니라 예악사상의 관점에서 음악을 이해할 필요가 있기 때문이다. 따라서 중국의 예악사상 가운데 예와 악의 관계가 매우 긴밀하다는 사실이 입증된다면, 삼국시대의 음악 역시 그러한 시각에서 보아야 한다는 필자의 주장은 정당화될 것이다. 편의상 공자 이전과 이후의 시대로 나누어 고찰해보면 다음과 같다.

(1) 공자 이전

예와 악은 상고시대부터 매우 밀접한 관계에 있었다. 다음 기록을 보자. "본래 가장 원시적인 예는 먹고 마시는 행위로부터 비롯되었다. 기장을 불 위에 굽고, 돼지고기를 불 위에 구으며, 웅덩이를 파서 술통을 만들고, 두 손으로 움켜 술을 마시며, 괴부(蕢桴, 기령풀 줄기로 만든 북채)로 토고(土鼓, 흙을 구워서 만든 북)를 두드렸다. 그들의 생활방식이 비록 이와 같았지만 오히려 귀신에게 공경하는 뜻을 드릴 수 있었다."[31] 이는 공자의 말이라고 전해지고 있는데 어떻든 여기서 먼저 '예'가 상고시대의 먹고 마시는 일상생활로부터 기원하고 있으며, 신비로울 것이 전혀 없는 것임을 알 수 있다. 그리고 웅덩이를 파서 술통을 만들고 두 손으로 술을 마시는 미개한 풍습이 흙으로 만든 북을 두드리는 것과 같은 원시적인 음악과 병행되었고, 마지막으로 이처럼 곡식과 고기 및 술을 먹고 마시며 북을 두드리는 행위의 목적이 귀신에게 공경하는 뜻을 드리는 데 있음을 볼 수 있다. 따라서 예악의 기원은 인류의 일상생활뿐만 아니라 무술 행위인 제신(祭神)과도 긴밀하게 연관되어 있다고 할 수 있다. 이는 곧 상고시대의 인류에게 일상생활과 귀신을 공경하는 종교 행위는 밀접하게 결합되어 있었으며, 제신은 그들의 생활에서 매우 중요한 요소였음을 보여주는 것이라고도 할 수 있다. 그러나 이러한 예악의 풍습은 원시공동체가 조직화되면서 은왕조 무렵에는 소수 귀족 계층이 독점적으로 행하는 종교 의식으로 변화되었다.

이처럼 예와 악은 상고시대의 토템 가무와 종교적인 신성한 주술의식이 진일보하여 완비되고 분화된 것이며, 체계적으로 완성된 것은 대체로 은·주 왕조가 교체되는 시기로, "주공이 예법을 정하고 악을 만들었다"는 전통적인 주장은 근거가 있는 것이다. 주공은 '예악'의 주요한 제정자이고, 공자는 '예악'의 견실한 옹호자였던 것이다.

　또한 예의 의미는 처음의 종교·무술적인 것에서 그 범위가 점차 확대되어 지배자의 모든 활동을 포괄하게 되었다. 그러다가 주 왕조에 이르러 이러한 예에는 제례의식 외에 신분에 따라 지켜야 하는 행위 규범 즉 엄격한 존비귀천의 등급 규정이란 의미가 덧붙여졌다. 이는 곧 예가 사실상 지배계층이 백성을 통치하는 도구로 사용되었음을 뜻하는 것이며, 예가 고대의 사회생활과 정치생활 가운데 중요한 지위에 있었음을 말하는 것이다. 그러나 예는 단독으로는 거행될 수 없었고, 반드시 악과 함께 보조를 맞추었다. 그 이유는 제신은 필히 신을 즐겁게 해야 하는 것이고, 신을 즐겁게 하기 위해서는 가무와 악무가 없어서는 안 되기 때문이다. 또한 예를 집행하는 데 만약 악이 조화되지 않는다면 예의 장엄하고도 숙연한 기분을 살릴 수 없을 뿐만 아니라 예의 절주(節奏)와 순서도 잃게 되고, 급기야는 규제할 도리가 없게 되기 때문이다. 바로 이러한 이유에서 예가 있는 곳에는 반드시 악도 같이 있었던 것이다. 즉 악을 통하여 예치(禮治)의 목적을 달성하려는 것이 당시 악에 대한 견해인 것이다.

　한편 제사는 최대의 예이므로 악과 제사의 관계 역시 매우 긴밀했고, 그 예에 따라 악 역시 엄격하게 규정되는 것은 당연한 일이었다. 즉 제사를 드리는 대상에 따라 사용하는 악, 즉 가(歌)는 물론 무(舞), 악장, 악조 및 악기 등에 이르기까지 모두 엄밀하게 등급이 매겨졌다. 이 역시 악이 예를 위한 도구임을 뜻하는 것이다.

뿐만 아니라 제사의 예만 악과 밀접한 것이 아니라, 왕이나 제후, 대부(大夫), 사(士) 등의 일상생활에도 악은 긴밀히 연관되어 있었다. 왕의 일거일동에는 모두 악이 수반되었으며, 기타 제후나 대부, 사 등에게도 신분에 따라 각기 다른 음악이 있었다. 그리고 조근(朝覲, 신하가 아침에 입궐하여 천자에게 배알함)·연회·영송빈객(迎送賓客) 등은 모두 일정한 예절에 따라 진행되었는데, 이 또한 음악의 절주에 맞추어 이루어졌다.

따라서 공자 이전 시대의 예와 악은 처음부터 서로 긴밀하게 연관된 개념으로 형성·발전되어왔다고 할 수 있다. 이러한 원시예악이 처음에는 종교적인 주술적 의미를 지니다가, 주대에 이르러 예에 차츰 인문적 성격이 가미되어 국가에게는 통치의 근본원리 내지 지배 질서가 되고 지배자들에게는 등급화된 행위규범이 되었는데, 악은 바로 이러한 차별화된 규범으로서의 예의 표현과 실현을 위한 상호 불가분의 도구로 인식되었다.

(2) 공자 이후

그러나 이러한 주초(周初) 이후의 예악 전통은 춘추 시기에 이르면서 급격한 사회 변동과 함께 붕괴되기 시작했다. 이에 공자는 고대의 예악, 그 가운데 특히 주의 예악을 전승하면서 여기에 새로운 의미를 부여했다. 그것은 바로 전통적인 예와 악에서 인성을 배양하고 육성해내는 인(仁)의 싹을 발견하고 이를 강조한 점이다. 즉 공자는 비록 예가 강제성을 띤 객관적인 규범이지만, 그 예의 구체적인 실행은 인간에게 적절한 절도와 수식(修飾)을 요구하며, 그러한 동작과 자태는 일종의 욕망의 절제이자 순수한 정감의 사회화라고 보았다. 또한 악은 그 자체가 지닌 본질로서의 조화로움으로 인해, 개인 심성에 깊은 감화력을 줄 뿐만 아니라 사회 구성원에 대한 정교적(政教的) 효용성의 가치를 지닌 것으로 파악했다. 즉 공자에게 예와 악의 본질은 인(仁)이어야만 한다는 것이다. 그래서 그는 "사람이 어질지 못하면 예는 해서 무엇하며, 사람이 어질지 못하면 악은 해서 무엇하겠는가?"[32] 라고 했던 것이며, "예다, 예다 하고 말하지만 옥이나 비단만을 뜻하겠느냐? 또 악이다, 악이다 하고 말하지만 종이나 북만을 뜻하겠느냐?"[33]라고 했던 것이다.

그러나 공자는 예와 악에 대등하게 의미를 부여한 것은 아니며, 그중 악의 중요성을 특히 강조했다. 그래서 그는 시(詩)와 예와 악을 인격 형성에 매우 중요한 근원으로 생각했지만, 궁극적으로 인격의 완성은 악에 두었다.[34] 그 이유는 군자가 인격 수양의 힘을 통해 사회를 교화하는 데에는, 예보다 악이 더욱 근원적이고 본질적인 작용을 한다고 보았기 때문이다. 물론 이것은 개인 수양의 차원이며, 정교적 측면에서 말한다면 예 역시 마땅히 중시되었다고 보아야 할 것이다. 왜냐하면 예는 사회 내의 지배자와 피지배자의 적대적이고도 모순적이라고 할 수 있는 관계를 정당하고도 필연적인 관계로 엄정하고 장중하게 문식하여 등급화(즉 질서화)하는 절차이기 때문이다.

그러나 이처럼 예와 악을 따로 논하고 있기는 하지만, '예악'을 하나의 전문적인 명사로도 사용하여 하나의 완정(完整)한 철학과 미학의 체계를 이룬 것은 공자부터라고 할 수 있다. 그리고 실제로 그가 고취한 '예악'은 주공의 '예를 짓고 악을 만드는(制禮作樂)' 명분을 좀 더 이상화하고 체계화한 것이라 할 수 있다.

　　어떻든 '예를 짓고 악을 만드는 것'은 본래 동시에 진행되는 것이었으며, 이는 이후의 유가 음악사상을 대표하는 《예기》〈악기〉와 그전의 《순자(荀子)》〈악론(樂論)〉에 명확하게 표현되었다. 즉 "악은 안으로부터 나오고, 예는 밖에서 만들어진다(樂由中出, 禮自外作)", "악은 같음을 거느리고, 예는 다름을 분별한다(樂統同, 禮辨異)", "악이란 천지의 조화로움이고, 예란 천지의 질서이다. 조화롭기 때문에 만물이 어울리고, 차례를 짓기 때문에 만물이 모두 구별된다(樂者, 天地之和也, 禮者, 天地之序也. 和, 故萬物諧化, 序, 故群物皆別)", "예와 의가 서면 귀천이 등급 지어지고, 악문이 같으면 상하가 조화롭다(禮義立, 則貴賤等矣, 樂文同, 則上下和矣)", "악은 조화를 지극히 하고, 예는 공순함을 다하는 것으로, 마음속은 화락하고 외모는 공순하다(樂極和, 禮極順, 內和而外順)", "악이라는 것은 정감의 변할 수 없는 것이요, 예라는 것은 이치의 바꿀 수 없는 것이다(樂也者, 情之不可變者也, 禮也者, 理之不可易者也)", "악에 전력하여 마음을 다스리고, 예를 익혀 몸을 다스린다(致樂以治心, 治禮以治躬)" 등이 그런 사상을 나타낸 것이다. 이것은 예와 악의 밀접한 관계뿐만 아니라, '예'가 외재적인 방면에서 오는 규범인 것과는 달리 '악'은 오직 내재적인 '심(心)', '정(情)'에 직접 호소해야 비로소 '예'와 더불어 서로 도와 이루어질 수 있음도 지적하고 있는 것이다.

한나라에 이르러 유가사상이 국교의 지위를 차지한 후로 예악론은 국가의 문물제도와 의례의 측면에서 발전하게 되고, 예악은 유학의 귀착점으로서 개인의 수양과 치국의 근본이 되며, 천지를 본받아 제정한 것이므로 반드시 따라야 하는 것이 되었다. 그 후 위진시대에서 수당에 이르기까지의 예악은 길(吉)·가(嘉)·군(軍)·빈(賓)·흉(凶)의 '오례(五禮)'의 구조로 성숙·발전하고, 이는 송대(宋代) 전까지 계속된다.

이상의 논의는 다음과 같이 종합할 수 있다. 공자 이전의 예와 악의 관계는 한마디로 상호불가분의 관계이나, 악은 예를 표현하고 실현하기 위한 도구로 간주되었다. 따라서 예가 국가의 근본적인 통치 원리이자 지배자의 행위규범으로서 그 적용 신분에 따라 엄격하고도 세밀하게 규정되면서, 이에 따라 악의 구체적인 시행 역시 결정되었다고 할 수 있다. 그러다가 공자 이후에 원시 예악은 '인'의 개념과 결합함으로써 개인의 인격으로 내재화되어, 윤리적 규범과 정치교화적 기능을 지닌 유가적 예악사상으로 변한다. 이런 면에서 예와 악의 관계는 대등하면서도 긴밀한 상보적인 성격을 띤다고 할 수 있다.

2. 악기의 의미

이제 이러한 예악의 관계에 대한 이해를 토대로 악에서의 악기의 의미에 대해 생각해보자. 오늘날 우리에게 악기는 음악적 사고와 느낌의 표현을 위한 '물적 매개물'이라고 앞서 정의했다. 그러나 고대 중국에서의 악기는 단순한 '물적 매개물'이 아니라, 예악의 개념과 결부된 상징성을 띤 이념적 도구의 차원으로 이해해야 한다. 왜냐하면 고대 중국의 악은 단순히 지배자나 일반 백성의 오락적인 심미적 쾌감을 위한 것 혹은 순수한 음악적 사고와 느낌의 표현을 위한 것이라기보다는, 지배자가 자국의 백성들을 교화하고 주변국에게 자신의 지배력을 공고히 하고 입증하는, 명교적이고 정치이념적인 기능을 지닌 것이기 때문이다. 그리고 그러한 악을 표현하는 도구로서의 악기 역시 그러한 예악사상의 배경을 지닌 상징성을 띤 것이다. 우리는 이를 《삼국사기》악지에 단편적으로나마 간략히 나타난 중국 악기들(금·쟁·비파·당적 등)에 대한 설명에서 확인할 수 있다.

먼저 금의 경우, 《금조(琴操)》를 인용하여 "복희씨(伏犧氏)[35]가 금을 만들어 몸을 닦고 본성을 다스려서 그 천진(天眞)을 되찾게 했다"고 했으며, 또 이르기를 "금의 길이 삼척 육촌 육분은 삼백육십육일을 상징하고, 너비 육촌은 육합(六合, 천지와 사방)을 상징하며, 문(文)의 위쪽을 지(池, 평평함을 의미)라 하고, 아래쪽을 빈(濱, 복종의 의미)이라 한다. 앞이 넓고 뒤가 좁은 것은 존(尊)과 비(卑)를 상징하고, 위가 둥글고 아래가 모난 것은 하늘과 땅을 본뜸이다. 오현(五絃)은 오행을 상징하고, 굵은 줄은 군주가 되고, 가는 줄은 신하가 되는 것인데, (주나라의) 문왕과 무왕이 각각 한 줄씩 두 줄을 더했다"고 했다. 또《풍속통의》를 인용하여 이르기를, "금의 길이 사척 오촌은 사시와 오행을 본받은 것이요, 칠현은 북두칠성을 본받은 것이라" 했다.

다음으로 쟁은 중국 진나라 때의 문신 부현(傅玄, 217~278)의 말을 인용하여 "위가 둥근 것은 하늘을 상징하고 아래가 평평함은 땅을 상징하며, 가운데가 빈 것은 육합에 준하고, 줄의 기둥은 열두 달에 비겼으니, 이것은 인(仁)·지(智)의 기구"라 했다. 또 위나라의 문신 완우(阮瑀)의 말을 인용하여 "쟁은 길이가 육 척이니 음률 수에 응한 것이요, 열두 줄은 사시를 상징하고, 기둥의 높이 삼촌은 삼재(三才, 천·지·인)를 상징한 것이다"라 했다.

비파의 경우 역시《풍속통의》를 인용하여 "근대 악가(樂家)가 지은 것인데 기원을 알 수 없다. 길이 삼척 오촌은 천·지·인과 오행을 본뜬 것이요, 사현은 사시를 상징한 것이라" 했다.

마지막으로 당적(唐笛)에 대해서는 "적(笛)은 씻어버린다는 척(滌)의 뜻으로, 간사하고 더러운 것을 씻어버리고 아정(雅正)한 마음이 들게 하는 것"이라고 했다.

이상은 우리의 전통악기인 삼현과 삼죽, 즉 현금·가야금·향비파 그리고 대금·중금·소금으로 개량되기 전의 중국 악기인 금·쟁·비파·당적에 대한 중국인의 인식을 잘 보여주는 기록들이다. 이에 따르면 악기의 제조 방법이나 형태 등은 모두 천지·음양·사시·오행 등 철학적 우주론을 상징하고 있으며, 그 철학적 배경은 곧 유가의 예악사상에 의한 것임을 알 수 있다. 즉 이들 악기는 우주 대자연의 운행과 질서 그리고 이를 모델로 정립된 인간사회의 이상적 도덕 질서체계인 예악사상에 근거하고 또한 이를 실현하기 위하여, 즉 몸을 닦고 본성을 다스려서 그 천진을 되찾기 위해 또는 간사하고 더러운 것을 씻어버리고 아정한 마음이 들도록 하기 위해 제작한 인·지의 도구인 것이다. 따라서 제후국 또는 주변국(우리나라를 지칭)에서 임의로 개량한 악기의 악기명을 천자국(중국)의 입장에서 인정하려고 하지 않은 것이라 할 수 있다. 만일 악기의 개량을 인정한다면 이는 곧 천자국의 예악사상의 상징성에서 벗어나는 것이 되며, 따라서 이것은 예악의 제작국으로서 자신들과 동등함을 허용한다는 의미가 되거나 적어도 자신들의 간섭을 받지 않는 자주국임을 인정하는 것이 되기 때문이다. 그래서 바로 이런 이유 때문에 고구려의 대표적인 악기라 할 수 있는 현금(玄琴)은 분명히 칠부기·구부기·십부기의 고구려기에 사용되었겠지만, 중국 정사나 문헌에는 현금이 아닌 그냥 금(琴)으로 기록된 것이다.

그리고 이러한 상황은 가야금이나 금(琴)의 경우도 마찬가지라고 생각할 수 있다. 만약 이것이 사실이라면 의문점 ①, 즉 《삼국사기》 악지에서 인용한 중국 문헌의 기록에 의하면 고구려나 백제의 악기가 모두 중국에서 유래한 것으로 되어 있는데, 그것은 그 문헌의 저자가 중국에서 유래한 악기와 그 명칭만을 기술한 것이 아니냐 하는 점도 자연스럽게 풀린다. 중국 문헌의 기록에 의해 알려진 고구려나 백제의 악기 역시 마찬가지로 그들의 악기 명칭으로만 기록될 수밖에 없었던 것이다. 따라서 고구려나 백제의 악기는 모두 중국에서 유래한 것이 되고, 우리 고유의 자생적인 또는 개량한 악기나 악기명이 설사 있었다고 하더라도 중국 문헌에 그것이 기록되지 않았으리라는 것은 현금의 경우처럼 자명하다고 할 수 있다.

이러한 설명 방식은 나머지 문제를 이해하는 열쇠가 된다. 세 번째 의문점은 고구려·백제·신라 가운데 신라의 악기만 중국 정사에 기록되지 않은 점이었다. 그 이유는 무엇인가? 이 문제에 대해 당시 중국과 삼국의 문화 교류가 서로 대등한 입장에서가 아니라, 극히 예외적인 기간도 있었지만 대부분 정치적으로 형식적이기는 하나 천자국과 제후국의 관계였음을 상기할 필요가 있다. 따라서 당시 중국에서 공연된 고구려나 백제, 신라의 음악은 일종의 천자국에 대한 제후국으로서의 공물의 성격이 짙은 것으로 이해해야 한다.

이를 다음과 같은 역사적 사실에서 확인할 수 있다. 즉 중국 정사인 《수서》 음악지, 《구당서》 음악지 및 《신당서》 예악지를 중심으로 조사·비교해보면, 수의 개황 초에 칠부기가 제정되고, 대업 중에는 구부기, 그 뒤 당의 태종 때에는 십부기로 확대되었을 때, 고구려의 악은 이 모두에 참여했지만 백제와 신라는 잡기로 취급되어 칠부기에도 참여하지 못했으며, 구부기와 십부기에 백제와 신라의 악은 아예 기재되어 있지 않다. 뿐만 아니라 칠부기·구부기·십부기 중의 하나인 고구려악은 순수한 고구려의 악이 아니라 악기나 복장 등이 서역의 것을 많이 차용하여 고구려의 음악을 연주한 것이다.[36] 물론 당시 고구려 본토의 음악 역시 순전히 고구려악만이 아니라 그 무렵 성행했던 서역악이 많이 유입된 것이라는 점을 인정한다 하

더라도, 중국에 우리 가무단이 수나라 이전인 후위(後魏, 535
~556) 때부터 계속 머물러 있었다는 것은 무엇을 의미하는
가? 그것은 음악 문화의 대등한 교류의 한계를 벗어난 것이 분
명하다. 만약 중국과 대등하게 음악 문화를 교류했다면, 마땅
히 우리 고유의 악기와 복장으로 우리의 곡조를 연주하고 돌
아와야지 그곳에 상주해야 할 이유가 없을 것이다. 만약 지금
우리 고유의 전통음악(예컨대 〈수제천〉이나 〈몽금포타령〉, 〈자진
난봉가〉 등)을 미국이나 유럽에 가서 연주한다고 할 때, 그 나
라의 고유 의상을 입고 그들의 악기를 중심으로 편성하여 그
곳에 상주하면서 그들이 원할 때 언제든지 우리 고유의 가락
을 연주한다면, 그것은 음악이나 음악 문화의 주체적이고 대
등한 국제적 교류라고 말할 수 없을 것이다. 중국이 칠부악이
니 구부악이니 하는 것을 황제의 명으로 제정한 것은, 단지 주
변 '야만국'에 대한 종주국으로서의 위엄과 지배력을 내외에
과시하거나 또는 그들의 이국적 취향을 위한 여흥 정도의 의
미였던 것이다.

　이는 같은 고구려악이 중국에서 연주될 때와 일본에서 연주
될 때를 비교해보면 한층 명확해진다. 7세기 초 당나라 십부기
의 하나로 파견됐던 고구려악은 중국과 서역의 스무 가지 악
기로 편성되었는데, 8세기와 9세기에 걸쳐 일본의 아악료(雅樂
寮)에 채용된 고구려악은 일체 중국 악기를 사용하지 않고 향
악기만을 사용했으며, 악기 편성 규모 역시 현저히 작았다. 물
론 일본의 경우 고구려가 멸망한 후이기 때문에 그러했을 것
이라고 볼 수도 있다. 그러나 이러한 현상에 대해 그것이 단지

상대방이 대국(大國)이냐 아니냐의 차등에 의한 결과로 해석하고, 중국이나 일본에서의 고구려악의 활동을 그 후 고려나 조선시대에는 없었던 음악 문화의 국제성으로 이해하거나[37] 중국에서의 고구려악의 연주 활동을 우리 음악 문화의 드높은 수준으로 평가하는 것[38]은 당시 중국과 고구려와의 긴박했던 정치·군사적 역학 관계[39]나 강력한 예악사상의 영향 관계를 간과한 평면적인 시각이 아닌가 생각한다. 칠부기 등이 제정되던 당시의 고구려와 중국은 정치적으로는 고구려가 중국에 조공을 바치는 관계였고, 군사적으로는 빈번한 전쟁 상대국이었다. 즉 수의 개황 초인 고구려 26대 영양왕(590~618) 때에는 네 차례에 걸쳐 황제가 직접 고구려를 침입했으며, 27대 영류왕(618~642) 때에는 당에 거의 매년 조공을 바쳤고, 고구려 마지막 왕인 28대 보장왕(642~668) 때에는 10년 이상 당의 침략에 시달려야 했다.

여기서 당시 국제무대에서의 우리의 위치를 좀 더 객관적으로 파악해볼 필요가 있다. 중국 정사에 기록된 고려기니 안국기니 천축기니 하는 중국 중심적인 용어의 의미를 한번 생각해본다면, 이는 더욱 명약관화한 사실임을 알 수 있다. 자국의 음악은 우주적 차원에서 성인이 제작한 '태악(太樂)'이라고 하면서, 자신들에게 익숙하지 않은 또는 주변국(그들에게는 미개한 야만족)들의 음악과 음악행위는 단지 하나의 '기(伎)' 내지는 '기악(伎樂)'[40] 즉 재주나 볼거리 정도에 불과한 것으로 여기고 있는 것이다. 칠부기나 십부기도 마찬가지인데 여기서는 대표적으로 구부기 가운데 고구려기와 같은 반열에 드는 다른 기를 비교해보자. 청상기(淸商伎, 중국 속악)나 문강기(文康伎, 진대의 가면극)는 중국악이고, 천축기·안국기·구자기·강국기(康國伎)·소륵기(疎勒伎)는 모두 서역악 즉 중국 바깥의 악이고, 서량기(西凉伎)는 구자기와 중국악의 혼합악이다.[41] 이와 같이 보았을 때, 우리 고구려악은 중국의 속악이나 서역악 혹은 서역악과 중국악의 혼합악과 같은 대우를 받은 것이다. 따라서 이 기라는 의미는 요즈음 말로 하면 '가무(단)' 정도이며, 고구려기란 '고구려 가무(단)' 정도의 의미가 될 것이다.

이제 원래 제기했던 문제로 다시 돌아가보자. 즉 고구려는 백제나 신라와 달리 일찍부터 불평등하나마 중국과의 음악 교류를 하고, 그만큼 높은 수준을 지니고 있었을 것이다. 그래서 칠부기나 구부기에, 그리고 멸망한 후에도 십부기에 공물로서 참여할 수 있었다. 그러나 이와 달리 백제는 중국에 의해 평정된 후 앞에서의 중국 문헌이나 《삼국사기》에서도 보았듯이 악공들이 전쟁으로 많이 죽고 흩어졌으며, 악기 자체도 매우 빈약하게 남아 있었다. 그래서 음악 문화의 수준이나 여건이 고구려보다 뒤떨어진 것으로 기록된 것이라 할 수 있다. 이 때문에 멸망 전에는 잡기로 취급되었고 그 뒤에는 아예 취급되지도 않았던 것이다.

그러나 신라의 경우는 다르다. 신라는 삼국 가운데 가장 늦게 중국과 음악 교류를 하기 시작했기 때문에, 수의 개황 초에는 잡기로 취급되었다고 볼 수 있다. 그러나 그 후 십부기에는 왜 참여하지 않았는가? 또한 백제와 달리 통일 후 신라는 당악은 물론 고구려와 백제의 음악을 수용하여 더욱 풍성하고 세련된 음악 문화를 지녔다고 할 수 있는데, 어째서 통일신라 음악에 대해서도 《구당서》나 《신당서》와 같은 중국의 문헌에 기록되지 않은 것일까? 그 이유는 바로 신라는 중국과 같이 고구려와 백제를 멸망시킨 승전국이자 연합국이므로 당나라와 대등한 입장을 견지할 수 있었고, 더구나 통일 후 당나라 세력을 몰아낸 후에는 고구려나 백제와 달리 음악을 공물이나 전리품으로 바치지 않아도 되었기 때문이라고 생각한다. 그래서 중국의 기록에 신라음악이 자세히 기록되지 않았으리라는 것이다. 또한 《삼국사기》의 기록에 의하면, 신라의 악기는 박판과 대고를 제외하고는 모두 독자적으로 개량한 악기인 삼현과 삼죽뿐이니, 설사 중국인들이 그 사실을 알았다 하더라도 고구려의 현금과 마찬가지 이유로 기록하지 않았을 것이다. 이렇게 보면 중국 정사에 왜 고구려의 현금이나 통일신라의 악기가 기재되어 있지 않았는지 분명해진다. 그것은 바로 당시 그들이 국가 이념인 예악사상과 천자국이라는 중화의식에 철저했기 때문에, 그리고 제후국 또는 주변국이 아닌 그들과 대등한 자주국으로서의 신라(통일신라)와 신라인이 독자적으로 개량한 악기나 그 음악을 인정하지 않았기 때문인 것이다.

이제 이상의 논의를 토대로 삼국이 중국의 악기를 수용하는 과정에서 보여준 독창적인 음악 문화와 사상을 정리하고, 그것이 오늘의 우리에게 어떤 의미가 있는지 살펴보겠다.

먼저 고구려의 경우, 왕산악은 기록에 전하는 우리나라 최초의 독창적인 음악인이며 거문고 역시 최초의 개량악기가 된다. 다음 백제의 경우, 중국 측 기록을 통해서는 그들에 대해 현재로서는 유감스럽지만 아무것도 말할 수 없다. 이 부분에 대해서는 다른 각도에서의 연구가 필요하다. 마지막으로 신라의 경우, 가실왕과 우륵 그리고 진흥왕을 거론하지 않으면 안 된다. 가실왕은 기록으로 전하는 우리나라 최초의 주체적인 음악사상가이며, 가야금 역시 두 번째 개량악기가 된다. 가야국의 궁정악사였던 우륵이 가실왕의 명에 의해 개량된 가야금을 위한 열두 곡을 창작하고, 그 후 진흥왕에게 귀화하여 가야금과 그 곡을 신라에 전해준 공이 음악 문화사적으로 매우 중요한 의미를 지니고 있지만, 가실왕 역시 우륵 못지않게 평가되어야 할 것이다.

다음으로 진흥왕이 타국(또는 적국)의 악기를 수용하는 과정에서 보여준 독창적인 사고방식 또한 크게 주목해야 할 것이다. 그는 실로 우리나라 음악 문화와 사상사에서 매우 중요하고도 창의적인 의미를 지니는 발언을 했으며, 우리의 음악사상을 한층 풍요롭고도 깊이 있게 만들었다. 우륵이 비록 직접 가야금을 제작하고 또 악곡을 작곡하여 신라인에게 전했지만, 만약 진흥왕이 신하들의 건의를 받아들여 그 악기와 악곡들을 물리쳤다면, 가야금이 오늘날까지 순조롭게 전승되기는 어려웠을 것이다. 진흥왕의 주체적인 심미 판단이 옳았다는 것은 당시 이미 대악(大樂)으로 발전되었다는 기록에 의해서뿐만 아니라, 가야금이 그 후 우리 민족의 가장 대표적인 악기로 지금까지 1,500년 가까이 전해오는 것을 통해서도 확인할 수 있다. 따라서 진흥왕이 보여준 대담하면서도 명쾌한 독창적인 음악사상은 가실왕과 함께 우리 전통음악의 독자적인 사상적 근간을 형성하는 매우 뜻깊은 것이며, 이는 아무리 강조해도 지나치지 않다.

더 나아가 신라의 일반 민중이 당비파를 개량하여 향비파를 만들고, 또한 당적을 개량한 금(琴)을 세 가지씩이나 개량하여 즐겨 사용했으며, 그 악기에 독자적인 명칭까지 부여했다는 것은 우리 민족의 독창적인 심미의식을 확연히 보여주는 매우 중요한 음악 문화사적 사건이 아닐 수 없다.

앞서 언급했듯이 고구려·백제·신라가 중국으로부터 악기를 수용했던 당시 중국과는 정치·군사적으로는 대등한 관계가 아니라 주변국이자 적국의 관계였고, 문화예술 면에서는 그들의 강력한 예악사상의 영향권 아래에 있었다. 그럼에도 불구하고 우리 민족은 주체적이고 창조적인 악기 개량을 통해 독창적인 전통음악 문화를 정립했다. 이러한 선인들의 태도는 전통음악의 보편화와 현대화를 위해 악기 개량은 물론 양악기와의 협연 등이 다양하게 이루어지고 있는 요즈음, 우리들에게 많은 것을 시사한다. 물론 외래악기의 수용과 이에 따른 음악 문화의 유입 자체가 우리 민족음악을 더욱 다양하고 풍요롭게 한다는 것은 분명한 역사적 사실이다. 그러나 그것을 수용하는 우리의 태도가 주체성과 창조성을 지니지 못한다면, 그것은 생명력을 잃게 된다는 것 역시 엄정한 역사적 교훈이다. 외래음악 문화를 주체적이고 창조적으로 수용하는 태도가 중요함을 강조하는 까닭이 바로 여기에 있다.

　최근 국내 학계에는 중국·일본과는 다른 우리 민족 나름의 '고유한 논리'가 있는지, 또 있다면 그 내용은 무엇인지가 인문학의 주요 쟁점으로 떠오르고 있다. 그러한 논의 가운데에는, 과거 중국이 동아시아의 강자로 군림해 있어서 약자인 주변국들은 자신만의 독자적인 문화예술과 사상사를 만들어낼 기회를 가질 수 없었으며, 이 때문에 한국인들은 자신의 특수한 주변적 처지를 뚜렷이 반영하는 독자적인 문화와 사상을 오늘날에도 여전히 만들어내지 못하고 있다는 지적이 있다. 따라서 우리가 이러한 식민주의적 상황에서 벗어나려면 무엇보다도 먼저, 우리의 독자적인 특수 상황과 체험에서 우러난 생각과 느낌을 토대로 하여 우리 민족 고유의 문화예술과 사상을 만들어내야 한다는 것이다.[42] 그러나 이러한 지적은 여태까지 논의했듯이, 우리에게 고유의 독창적인 문화예술적 전통이 이어져왔음을 간과하고 있는 것으로 보인다. 당시 중심국인 중국으로부터 악기를 수용하는 과정에서 나타난 주변국으로서의 우리 민족의 주체적인 태도는 독창적인 심미의식과 예술사상의 발로임을 입증하는 것이기 때문이다. 더 나아가 중국이라는 거대한 문화권과 이웃한 다른 민족들은 대부분 중국에 동화되었음에도, 한국은 의식주와 언어·문화·예술 등에서 20세기 초까지 독자성을 형성·유지해왔다는 것은, 적어도 우리에게 무언가 '고유한 정서' 내지 '심미의식'이 있다는 명백한 예증이 아닐 수 없다. 따라서 우리 민족 '고유의 논리'라는 것이 정말 있는지, 또 있다면 그 내용은 무엇인지 아직 명백하게 말할 수 없다 하더라도, 우리 '고유의 정감의식'은 분명히 존재해왔다고 할 수 있다. 그러나 생각해보면 '고유한 논리'라는 것 역시 '고유한 정감의식'과 분리될 수 있는 것이 아니므로, '고유한 정감의식'에서부터, 또는 그것과 함께 그 정체가 드러날 수 있다고 생각한다. 왜냐하면 동양적 전통에서 정감과 논리는 확연히 구분되는 것이 아니라 정감은 인간에게 더욱 본질적인 것이요, 논리는 그것의 형식에 불과한 정도로 이해하고 있다고 보기 때문이다. 그렇다면 이제 우리가 해야 할 일은 분명하다. 그것은 바로 '버려지다시피 묻혀진' 과거의 다양한 여러 문화예술적 사고와 느낌에 내포되어 있는 '고유한 정감의식' 또는 '정감논리'를 발굴·확인·정리·재해석하여, 이를 토대로 독자적인 예술사상을 튼실하게 정립해나가는 일일 것이다. 이러한 작업은 또한 과거 주변국으로서의 우리 민족의 특수한 문화예술적 경험을, 세계문화사의 발전과 변혁에 창조적으로 기여하게 하는 길이 될 것이다.

당시 중국인의 음악 문화를 지배하던 고대 중국의 음악사상은 일반적으로 크게 유가와 도가의 음악사상으로 나눌 수 있으며, 그 내용은 《예기》〈악기〉 편과 혜강의 〈성무애락론〉에 가장 잘 나타나 있다. 이 가운데 유가의 음악사상은, '음' 또는 '악'에 인간의 다양한 감정적인 내용──희(喜)·노(怒)·애(哀)·낙(樂)·애(愛)·오(惡)·욕(慾) 등──과 인륜·도덕적인 내용(덕이나 정치의 잘잘못, 길흉화복 등)이 내재해 있다는 것을 전제로 한다. 그리고 그 '음'과 '악'으로 인간의 감정과 윤리·도덕의식을 순화하고 고양시켜, 일반 대중을 정치·사회·도덕저으로 '이풍역속(移風易俗, 풍속을 좋게 바꿈)'하고 교화할 수 있다는 '명교(名敎, 유가에서 이상으로 여기는 인위적인 도덕적 가치 질서체계)적 효용성'에 가장 커다란 의미를 부여하며, 또한 그렇게 함으로써 음악 예술의 존재 가치를 인정할 수 있다고 본다. 한편 혜강의 〈성무애락론〉에서는 '성(聲)'과 그 '성'에 내재되어 있는 것으로 간주되는 의미(감정 내지는 인륜·도덕적인 내용)를 엄격히 분리하고, 이 둘을 전혀 별개의 것으로 본다. 이는 '음'에 의미가 내재해 있다는 유가의 주장을 근본적으로 부정하는 견해라 할 수 있다. 또한 유가에서는 인간의 감정 혹은 국가의 존망이나 정치의 성쇠가 음악과 매우 밀접한 연관을 맺고 있다고 보는 데 비해 혜강은 음악과 인간의 감정을 전혀 다른 것으로 파악하고 있다. 즉 유가와 달리 음악을 정치의 성쇠나 국가의 존망에 깊은 영향을 끼치는 것이 아니라 그 자체로 독립적인 의미와 가치를 지니는 심미 대상이라고 보는 입장이라 할 수 있다. 그런데 이처럼 근본적으로 상반된 생각을 신라의 진흥왕은 각각의 일면을 취하는 방법으로 모두 받아들인 듯하다. 즉 음악의 제작 주체나 의도에 대해서는 유가적인 입장을 취하지만, 국가 존망 여부에 관계없이 음악 자체의 가치를 인정하는 태도는 유가를 비판하는 도가적인 입장을 반영한 것이라 할 수 있는 것이다.

여기서는 〈악기〉와 〈성무애락론〉을 좀더 구체적으로 이해하기 위해 이 둘에서 나타나는 음악사상을 대비적 차원과 보완적 차원으로 나누어 살펴보겠다. 이 책의 주제에서 조금 벗어난 것이기는 하지만 진흥왕의 음악관과 왕산악의 음악, 더 나아가 삼국의 음악문화의 사상적 배경을 좀 더 심층적으로 이해하기 위해서는 부연하여 설명할 필요가 있다고 보기 때문이다. 그럼 먼저 대비적 차원에서 보면 다음과 같다.

타율적 음악론과 자율적 음악론

〈악기〉의 악론 사상은 기본적으로 유가적 성인에 의해 제작된 인간화되고 제도화된 인위적인 '음' 또는 이를 기초로 한 '악'의 보편적인 정감 형식 안에 보편적인 정감 내용이 내재되어 있어서 이를 통해 성인의 뜻과 정감을 표현할 수 있으며, 이를 일반 백성들에게 전달할 수 있다는 것을 전제로 한다. 그리하여 성인의 정치적인 교화의 메시지를 일방적으로 강화하거나 옹호 또는 고착화하기 위한 하나의 효과적인 도구로서만 음악 예술의 존재 가치를 인정한다. 즉 '음' 또는 '악'의 감화력을 근거로 백성들의 윤리·도덕의식을 순화하고 고양시켜 그들을 정치·사회적으로 '이풍역속'하게 할 수 있다는 '명교적 효용성'의 수단으로서만 음악 예술을 이해하고 있는 것이다. 따라서 〈악기〉에서는 음악의 내용이 도덕적으로 선이어야 함을 강조하고, 그것이 가지는 사회적 기능에 대해 깊은 관심을 나타낸다. 이처럼 음악의 내용을 도덕적 선으로 획일화하고, 음악 예술의 가치를 정치·사회적 교화라는 목적을 위한 수단으로만 이해하고 있으므로 〈악기〉는 타율적 음악론이라 할 수 있다.

이에 반해 〈성무애락론〉은 '성음(聲音)'의 존재 근거를 음기와 양기의 융합에 의한 우주 대자연의 산물로 보고 그 본질을 '자연의 조화'로 이해하고 있다. 따라서 이러한 '성음'은 인간의 감정과는 무관한 객관적인 현상이므로 그 안에는 당연히 인간의 주관적인 뜻이나 감정이 내재할 수 없다는 것을 전제로, '성음'은 그 자체의 조화로운 형식미만으로도 감상자에게 심미적 쾌감과 즐거움을 충분히 줄 수 있다고 주장한다. 그러므로 〈성무애락론〉에는 음악의 내용보다는 형식의 중시, 음악의 교화 작용보다는 심미 작용에 대한 깊은 자각이 내포되어있다. 이처럼 〈성무애락론〉은 '성음'의 형식미를 존중하면서 조화로움이 주는 심미적 쾌감과 미감의 가치를 자각하고 이를 최초로 이론화한 것이므로, 음을 그 자체로 이해하고 음악을 독립적인 예술로 간주하는 자율적 음악론이라 할 수 있다.

인위적 음악음과 무위적 자연음

〈악기〉는 기본적으로 '물적 매개로서의 음'을 '인성(人聲)'에서 출발하여 파악한다. 그다음 거기에 문채절주(文采節奏)가 결들여진 것이 '음'이고, 그 위에 악기의 연주와 춤이 가해진 시(詩), 가(歌), 무(舞)의 종합 예술적 성격을 띠는 것이 '악'이다. 그리고 그 음악 예술적 가치도 '성', '음', '악'의 순서로 규정하고 있다. 이는 곧 가장 낮은 동물적이고 생리적인 욕망의 표현 단계에서 점진적으로 인간화, 사회 제도화, 예교(禮敎) 문화화 하는 과정을 단계적으로 보여주는 것이며, 그 가치 기준은 바로 '명교적 효용성'의 극대화 가능성에 있음을 시사하는 것이라 할 수 있다. 이처럼 '인성'을 '물적 매개로서의 음'의 기초로 파악했다는 것은 곧 〈악기〉의 음악사상이 '인성론(人性論)'의 문제와 연관되고, 이는 결국 음악의 감화력에 의한 '이풍역속'을 주장할 수 있는 문제와 직결된다고 볼 수 있다. 따라서 〈악기〉에서의 '물적 매개로서의 음'은 철저히 인위적인 '음악음' 즉 노랫소리를 그 본질적 속성으로 하며, 아울러 그러한 음악음을 통한 교화와 '이풍역속'을 위해 '아(雅)·송(頌)' 등 '생각에 사특함이 없는' 시가 요구되고 중시되었다. 이는 곧 〈악기〉에서 '시'의 노래가사를 이해할 수 있느냐 없느냐 또는 잘 아느냐 모르느냐가 결국 악을 아는 '군자'냐 아니냐를 결정하는 관건이 됨을 의미한다.

이에 반해 〈성무애락론〉은 '물적 매개로서의 음'을 '물리적 음향인 자연의 소리'로 규정한다. 즉 천연 그대로의 자연음을 음악음의 근원, 더 나아가 인간에게 음악음보다 더 깊은 감동을 줄 수 있는 조화로움과 아름다움을 지닌 것으로 이해한다. 이러한 이해는 선진 시기 노자, 장자에 의한 유가식의 일체의 인위적이고 목적론적인 음악사상에 대한 비판[43]에서 비롯된 것이라 할 수 있다. 나아가 위진시대에 이르러서는 자연의 아름다움을 자연미 그 자체로 바라보는 심미적 태도와 그것을 예술미의 모범으로 간주하는 풍조에 힘입어 이러한 관점은 일반적으로 널리 승인되었다. 그러나 이러한 이해가 가능하기 위해서는 먼저 단순한 '물리적 음향' 즉 자연의 '소리'가 어떻게 '음악음'이 될 수 있느냐 하는 문제가 해결되어야 한다. 그렇지 않으면 혜강은 '소리'와 '음'을 혼동한 것이 되고 만다. 필자는 이 문제를 다음과 같이 생각한다. 즉 '소리'가 '음'이 되기 위해서는 그 '소리'가 '의미'를 획득해야 한다. 말하자면 의미를 획득한 소리가 음이라는 것이다. 따라서 단순한 자연의 소리에서 영원한 아름다움이 내재된 '도'의 '자연의 조화'를 들을 수 있다면, 그 소리는 이미 단순한 물리적 음향이 아니라 물적 매개로서의 '음'이 되는 것이다. 이렇게 본다면 〈성무애락론〉은 인위적인 '오음(五音)'뿐만 아니라 무위의 '자연의 소리'까지 '음악음'의 범주에 포함시켰으며, 이러한 '자연음'을 발견하고 감상하는 것은 곧 자연을 심미적으로 관조할 수 있는 초공리적(超功利的) 심리 상태, 즉 '도'의 경지에서만 가능한 것임을 주장한 것이라 할 수 있다.

도덕적 창작론과 심미적 감상론

〈악기〉가 기본적으로 음악의 도구적 기능을 중시하는 이유는 '음' 또는 '악'을 통한 정치적 교화에 그 목적이 있기 때문이다. 따라서 유가에서 가장 이상적으로 생각하는 가치를 체득한 통치자인 성인만이 창작의 주체가 될 수 있었던 것이다. 또 '악'을 알 수 있는 감상의 주체도 이상적 인격체이자 지배자라 할 수 있는 '군자'만이 가능하다고 제한했다. 그러므로 그 내용은 자연히 그러한 성인의 덕을 드러내거나, 그들이 이상으로 여기는 윤리·도덕의 심미 표준에 준하는 것이어야 한다. 이는 곧 인간의 자연 정감이 유형화되고 규격화되는 것을 의미한다. 이 때문에 공자는 인간의 정감을 지나치게 자극하는 '정성(鄭聲)'[44]을 퇴폐적인 풍습을 야기시킨다 하여 비난했고, '아(雅)·송(頌)'은 신과 사람을 화합케 하는 것이라 하여 칭송했다. 즉 정감 표현은 미적인 감동과 조화로움을 추구해야 할 뿐만 아니라 사회의 윤리·도덕적 선을 그 내용으로 해야 한다는 것이다. 이처럼 〈악기〉에서는 인간의 정감 표현을 예술의 본질이라고 보았지만 그 정감 표현의 창작 주체는 지배 계층에 한정되었으며, 그 내용 역시 개인의 구체적이고 특수한 정감이 아니라 그들이 규정한 심미 표준에 적합한 보편적인 정감을 보편적 정감 형식의 틀 안에서 표현하도록 하고 있다. 이렇게 정감 표현의 규격화와 전범화를 강조하는 것은 인간의 자연스런 성정의 표현을 억압하고 왜곡하는 기제로 작용할 소지를 내포하고 있다고 할 수 있다.

이에 반해 〈성무애락론〉에서 '성(聲)'은 우주 대자연의 산물이므로 창작 주체는 자연일 수밖에 없고, 그 목적이나 이를 향수하는 특정한 대상이 따로 상정되어 있는 것이 아니다. 단지 '성'은 그 자체가 지니는 형식의 아름다움으로 인간의 정감을 촉발시킬 수 있는 '자연지화(自然之和, 자연의 조화로움)'를 그 본질로 할 뿐이다. 따라서 〈악기〉와는 달리 〈성무애락론〉에서는

'성'과 '심(心)'의 필연적 상응 관계가 근본적으로 부정되므로, 자연히 감상자로서의 각 개인의 독특한 경험 세계가 중시되고 결과적으로 심미 대상으로서의 '성'을 받아들이는 심미 주체 개 개인의 연상이나 상상의 공간이 무한히 자유로워진다. 그러나 〈성무애락론〉에서는 '성'이 그 형식미를 통해 인간에게 심미적 즐거움을 주는 것에 그치는 것이 아니라, 다른 한편으로 본질로 서의 '자연지화'를 체득하기 위해서는 평온하고 조화로운 마음 이 요구된다고 명시했다. 그리고 이러한 평온하고 조화로운 마음이 초공리적 심미 주체의 마음 상태와 일치한다면, 이는 무위의 '자연지성(自然之聲)'을 심미적으로 감상하기 때문에 가능한 것이고, 그 '자연지화'를 통해 인간은 원래의 소박한 자연 본성을 회복하고 나아가 자연과 일체가 된 경지에 이를 수 있다. 따라서 〈성무애락론〉은 궁극적으로 '성음'의 본질인 '자연지화'를 체득하기 위해서는 초공리적 심미 주체의 상태에서 '성음'을 감상할 수 있어야 함을 주장한 것이라 할 수 있다.

   이상의 대비적 차원에서의 이해를 넘어 이제 이 두 음악론이 서로 보완적인 의미를 지닐 수 있게 되는 차원을 살펴보자.

예술적 수양론

   〈악기〉에서는 '음' 또는 '악'의 본질을 정감 표현에 두고 있으며 아울러 그 표현 내용이나 방식이 도덕적 선에 기초해야 한다고 주장한다. 비록 군자만이 '악'의 제작 주체이자 감상 주체라고 제한했으나 유가에서는 모든 사람이 다 군자의 자질을 지니고 있고 합당한 덕목을 쌓는다면 그에 이를 수 있다는 잠

재적 가능성을 우주 대자연 질서체계에서 이끌어냈다고 할 수 있으므로, 이는 곧 모든 사람이 '악'을 통하여 마음을 수양할 수 있음을 긍정한 것이다. 그래서 공자는 "시로써 시작하고 예로 바로 서고 음으로 완성한다"[45]고 하여 인격의 완성을 '악'에 귀결시켰으며, 그 표현 내용과 형식 역시 '지미지선(至美至善)'이어야 함을 강조했다. 이렇게 본다면 유가에서 '악'으로 백성을 교화하려는 궁극적 동기는 단순히 사회 구성원의 본능적인 욕망의 심리 구조 내지 상태를 보편적이며 '지미지선'한 정감 형식과 내용에 직접 호소하여 이상적 현실을 실현하는 데 있다고 할 수 있다. 하지만 이에 덧붙여 '악'이 이상적 사회의 실현을 위한 정치·사회적 '교화'의 수단이 될 수 있다고 본 것은 그것이 인간의 순수한 정감에 직접 호소하여 욕망을 순화하고 고양시킬 수 있음을 통찰하고 이를 적극적으로 긍정한 것이다. 이는 〈악기〉가 인간 심성의 수양에서 차지하는 예술, 특히 '악'의 의의와 가치를 깊이 깨닫고 있었음을 보여주는 것이라 할 수 있다.

한편 혜강은 〈성무애락론〉에서 '성'의 본질을 '자연지화'의 의미로 이해하고 있는데 이것은 두 가지 측면으로 구분된다. 즉 하나는 인간의 감정과는 무관한 객관적인 물리적 음향이 가지는 '형식미'라는 의미를, 다른 하나는 일상적인 애락의 감정을 초월한 정신적 경지가 체현된 '인격미'라는 의미를 지닌다. 따라서 이 둘은 '성'의 본질로서의 '화(和, 조화로움)'가 모두 애락이라는 감정과는 무관하며, 아울러 어떠한 구체적인 내용도 내재되어 있지 않다는 점에서는 같은 맥락이다. 그러나 전자가 '화'의 의미를 '성' 자체의 객관적인 속성으로 이해하는 데 그쳤다면, 후자는 더 나아가 이 '성'의 '화'를 인간의 정신 수양의 차원으로 적극적으로 끌어올려 인간이 추구해야 할 이상적인 가치로 이해한 점에서 큰 차이가 있다. 즉 '성'의 본질이 인간의 감정과는 무관하다고 파악하는 면에서는 유가의 '성유애락(聲有哀樂, 소리에는 애락이 있음)'을 부정하고 비판하는 것에 그치지만, '성'의 본질을 인간의 감정을 초월한 이상적 인격이 체현된 경지라고 보는 점에서는 인간의 이상적 인격이 '성'에 의해 도달될 수 있음을 적극적으로 제시한 것이다. 바로 이 점에서 공자가 제시하는 '성어악(聲於樂)'의 경지와 일치한다고 할 수 있다. 이처럼 혜강이 '화'를 세속적인 애락의 정감을 초월한 일종의 무한한 정신적 자유의 경지로 이해한 것은 당시 위진현학(魏晉玄學)이 추구한 설대적으로 자유롭고 무한한 초월적인 인격의 본질과 '성'의 '화'를 연관지은 결과이다. 또한 이러한 관점에서 '화'를 해석하는 것은 유가의 악론이 인의도덕의 실현을 '화'로 생각하거나 또는 개인을 인의도덕에 종속시켜 그 부속물로 만드는 관념을 강하게 비판하고, 개인 인격의 정신적 자유를 최고의 위치로 올려놓았음을 의미한다. 이는 결국 혜강이 '성' 즉 음악 예술을 유가에서 말하는 윤리 도덕에 종속된 상태에서 해방시켜 진정한 심미의 영역으로 진입시켰으며, 좀 더 적극적으로 음악 예술의 의의와 가치를 자각하고 발견한 것이라 할 수 있다.

상상적 자유론

유가의 악론은 '성'과 '심' 사이에 보편적 상응성이 있다고 전제한다. 그리고 이러한 전제의 근거나 타당성을 문제 삼거나 이의를 제기하지 않았다. 그 이유는 '성'의 보편적 정감 형식 안에는 그에 상응하는 보편적 정감 내용이 존재하고 있음을 당연시했기 때문이다. 이는 곧 '성'과 '심'의 대응 관계를 필연적인 것으로 이해하고 있음을 의미하는 것이다. 따라서 '성'의 의미는 그것을 받아들이는 구체적인 개인의 '심'에 관계없이 객관적으로 고착화되고 절대화되어 몰개성적인 내용으로 변모하게 된다.

한편 혜강은 근본적으로 '성'과 '심'의 관계를 명백히 구분하면서 그 표현과 전달의 가능성을 부정하지만, '성'과 '심'이 결코 무관한 것은 아니라고 했다. 왜냐하면 '심'은 '화성(和聲)'이 고유하게 지니고 있는 '자연지화'에 감동받으면, 이를 계기로 이미 마음속에 쌓여 있던 정감이 촉발된다고 보았기 때문이다. 이는 혜강이 '성'의 본질인 '자연지화'에 사람을 깊이 감동시킬 수 있는 어떤 힘이 존재한다는 것을 인정했음을 뜻하는 것이다. 그러므로 수용자의 입장에서는 '성'과 '심'의 일대일 필연적 대응 관계를 부정하게 되고, 개개의 심미 주체가 어떤 주어진 '보편적 정감 형식'에 구애받지 않으면서 각 개인의 경험 세계에 따라 심미 대상으로서의 '성' 그 자체가 지니는 형식의 조화로움을 능동적이면서도 창조적으로 감상할 수 있는 '상상의 자유'를 무한히 확대한 것이 된다.

또한 혜강은 '언부진의(言不盡意, 언어는 뜻을 다 표현할 수 없다)'론의 영향을 받아 '성'도 '심'을 충분하고 정확하게 표현·전달할 수 없다는, '성'과 '정감'의 불확정성 내지는 불일치성을 강조하기도 했다. 이는 결국 동일한 '성'도 다양한 정감을 촉발시킬 수 있고, 반대로 동일한 정감 역시 다양한 '성'으로 표출될 수 있다는 것을 의미하므로 이 역시 심미 주체의 정감 상태가 심미와 음악 예술의 감상에 중요한 작용을 하며, 아름다움에 대한 느낌은 사람에 따라 각기 다르게 반응한다는 것을 강조한 것이다.

따라서 혜강이 말하는 '성무애락'이라는 것은 '성'과 '심'이 서로 전혀 관계가 없다고 주장한 것이라기보다는, '성'에는 일대일로 대응되는 고정된 내용이 없다는 것을 강조하여 사람들이 더 광범위한 정감 내용을 상상할 수 있도록 한 것이다. 아울러 각기 다른 감상 주체의 정감이 요구하는 것은 모두 '성'을 감상하면서 만족을 얻을 수 있도록 해야 함을 의미하는 것이다. 다시 말해 혜강의 〈성무애락론〉은 '성'을 통한 인간의 정감 표현 방식과 내용에 대해 〈악기〉의 악론과는 달리 객관적으로 주어진 의미가 아닌 심미 주체의 독특한 상황에 따라 그 의미가 달라진다는 것을 더욱 중시했다는 점에서 인간의 심미성을 자유로운 상상력과 연관지었다고 할 수 있다.

심미적 인격론

유가의 악론은 기본적으로 우주 대자연을 인간이 본받아야 할 윤리·도덕적 질서의 근본으로 이해하고, 이를 토대로 한 인간의 윤리·도덕적 실천의 당위성을 강조한다. 아울러 그러한 당위로서 요구된 도덕 질서를 우주 대자연의 경험적 현상에서 찾을 뿐만 아니라 인간의 본성 안에서도 그것을 인식할 수 있는 선천적 근거를 설정하여 이를 '도덕 생명'의 근원으로 확립했으니, 곧 인간을 도덕의 주체로 이해하는 '도덕적 인간관'이다. 따라서 사회의 본질적 속성도 도덕적 공동체로, 사회 제도나 도덕 규범은 인간의 도덕성이 발현된 공동체의 가치로 강조하여 결국 개인의 도덕적 실천을 통해 이상적인 도덕 사회를 구현하고자 했다. 그러므로 유가의 악론은 도덕적 인격을 전제로 하여 그러한 선천적 도덕성이 '악'을 통해 계발되고 선양될 수 있다고 보는 것이다.

그러나 혜강은 이처럼 인간의 당위로 요구되는 인위적인 도덕 질서 체계가 정치적으로 이용되는 상황에서는 자연스러운 순수한 감정이 오히려 억압되고 왜곡될 수 있다는 것을 체험을 통해 깊이 깨닫고, 인위적 질서 의식 이전에 우주 대자연 자체의 영원하고 소박한 모습을 인간이 추구해야 할 가장 이상적이고 아름다운 질서이자 인간의 본질적 모습으로 설정했다. 바로 이러한 '무위'의 자연 상태에 순응하고 궁극적으로는 그것과 동화 또는 일치되기를 갈구하는 인간의 '자연 생명'을 인성의 본질로 파악하고 있는 것이다. 그리고 인간의 본질을 현실적 제도나 가치, 규범 등을 초탈한 초공리적 심미의 주체로 이해하고 각 개인의 이러한 심미성을 통해 심미적 사회가 실현될 수 있다고 보았다. 따라서 유가의 악론이 인간의 당위이자 현실적 규범으로서 요구된 인위적인 도덕 질서를 체현하는 도덕적 인격의 완성을 위한 것이라면, 혜강의 악론은 영원하고 소박한 우주 대자연의 생성 변화하는 모습 자체를 인간이 추구해야 할 가장 이상적이고 아름다운 모습으로 관조할 수

있는 심미적 인격의 형성을 위한 것이라고 할 수 있다.[46]

이상에서 살펴본 바와 같이 이 두 악론은 서로 대비적이면서도 보완적인 특색과 의의를 지니고 있다. 〈악기〉가 들어 있는 《예기》는 대략 춘추전국 시기에서 한나라 초에 걸친 유가의 '악' 사상을 비교적 체계적으로 총괄한 전문 저작이고 혜강의 〈성무애락론〉은 위진 시기에 씌어진 것이다. 그러므로 그로부터 무려 300여 년이 흐른 후인 진흥왕 때에는 이 두 음악사상이 이미 우리나라에 전해졌을 것이라고 추정할 수 있다. 당시에 이미 신라에는 유교 경전이 널리 보급되어 있었으며 진흥왕이 그것을 통해 이 음악사상을 접했을 것이기 때문이다. 또 앞에서 언급한 바와 같이 당시 신라의 관료들이나 가야국 관리들이 모두 유가적인 음악사상을 가지고 있는 것도 한 가지 이유이다. 뿐만 아니라 가야금에 두 가지의 조, 즉 하림조(河臨調)와 눈죽조(嫩竹調)가 쓰였다는 《삼국사기》의 인용문의 마지막 기록은 이러한 추정을 입증하는 명백한 단서가 된다. 왜냐하면 이 두 악조가 어떤 것인지는 알 수 없다 하더라도 그것은 분명 어떤 음악의 체계를 의미하는 것이며, 이것은 바로 중국의 음악이론에서 사용하는 용어이기 때문이다. 따라서 중국의 음악이론에서 사용하는 명칭을 우리가 사용했다는 것은 유가의 음악사상뿐만 아니라 음악이론 분야에서도 중국의 영향을 받고 있었다는 뚜렷한 예증이 된다.[47]

1) 노동은 교수는 '국악'이란 용어가, 정확하게 1907년 11월 29일부터 일본 제국주의가 행정적으로 정착시키면서 일반화된 '일본 용어'라고 주장한다. 일제 침략 전인 1900년대 이전에는 국악이란 말보다는 '아악'이나 '정악' 그렇지 않으면 '장악원악(掌樂院樂)'이나 '이원악(梨院樂)' 등의 용어가 주류를 이루었다는 것이다. 노동은, 〈국악이란 용어, 일본용어인가? 한국용어인가?〉,《음악과 민족》(민족음악연구소, 1993), 제6호, 112쪽 참조.

2) 송방송 교수는 '향악'이란 말이 통일신라시대 이후 조선 말기까지도 우리나라의 전통적인 음악 문화를 의미하는 용어로 사용되었으므로, 음악사를 서술할 때 외래 음악 문화와 대칭되는 개념으로 향악이라는 용어를 널리 사용해야 한다고 주장한다. 송방송,《한국음악통사》(일조각, 1998), 30~31쪽 참조.

3) 이성천,《한국 한국인 한국음악》(풍남, 1997), 6쪽에서 재인용.

4) 國安 洋, 김승일 옮김,《음악미학입문》(삼호출판사, 1989), 23~24쪽 참조.

5) "존 케이지는 20세기 후반의 음악계에 가장 충격적인 영향을 주어온 전위음악의 거장이다. 지진을 일으키듯 전 세계 작곡가들을 경악시킨 몇 가지 굵직한 사건들을 들어본다. 그는 1930년대에 피아노 사상 처음으로 줄 사이에 여러 가지 물질(나무, 쇠붙이, 고무 등)을 끼워서 갖가지로 음색을 변화시킨 '준비된 피아노prepared piano'를 고안했고, 1940년대에는 깡통, 초인종, 쓰레기 등 비음악적인 발음체와 전자적인 음향장치에 의해 소음을 음악에 적극 도입했으며, 1950년대에는 우연성에 의한 작곡, 즉 작곡가의 의사를 배제하고 우연에 의해 음을 선택하는 '우연성 음악'을 확립하고, 심지어 침묵음악인 〈4분 33초〉까지 발표

했다. 이 작품은 연주자가 악기 앞에 스톱워치를 가지고 4분 33초 동안 아무 소리도 안 내고 앉아 있기만 하는 음악이다." 황병기,《깊은 밤, 그 가야금 소리》(풀빛, 1995). 210쪽.

6) 〈한겨레〉, 1999년 4월 15일 자 15면 참조.

7) 칠부기, 구부기, 십부기 등은 모두 중국 주변의 7개국, 9개국, 10개 국의 음악 연주단을 의미한다. 그리고 천축기, 안국기, 구자기 등은 모 두 이 주변국인 천축, 안국, 구자 등의 국명 또는 지명을 말하며 기(伎) 는 가무단을 의미한다. 따라서 천축기는 천축의 가무단, 안국기는 안 국의 가무단, 구자기는 구자의 가무단 등을 뜻하고, 칠부기는 이러한 가무단이 7개국으로 편성되었다는 것을, 구부기는 9개국으로, 십부기 는 10개국으로 편성되었다는 것을 의미한다.

8) 이상의 내용은 한명희, 〈한국음악의 문화적 전개과정〉,《한국음악 사학보》제19집(1997), 그리고 송방송,《한국음악통사》42~75쪽 및 권 오성,《한민족음악론》(학문사, 1999) 49~58쪽을 참조하여 정리, 인용 한 것이다.

9) 송방송,《한국고대음악사연구》(일지사, 1992), 173~174쪽 주석 참조.

10) 송방송, 〈음악의 초기양상과 악론의 형성〉,《민족문화연구》(고려 대 민족문화연구소, 1997), 제30호, 174쪽 참조.

11) 김성혜, 〈한국고대음악연구의 검토(1)〉,《한국음악사학보》, 제11 집, 420~423쪽 참조.

12) 장사훈,《한국음악사》(세광음악출판사, 1986), 73쪽 인용. 성경린, 《한국음악논고》(동화출판공사, 1976), 218쪽 참조.

13) 송방송,《한국고대음악사연구》, 86~87쪽 참조.

14) 김종수 역주,《증보문헌비고: 악고》(국립국악원, 1994) 하권, 826 ~827쪽 참조, 인용. 밑줄은 필자가 첨부한 것이다.

15) 최종민, 〈신라(통일기 포함)의 음악문화〉,《한국사상사대계》(한국 정신문화연구원, 1991) 2권, 797쪽 참조.

16) 함화진,《조선음악소사》(대광문화사, 1995)(영인본, 1947), 29쪽.

17) 이혜구, 〈한국악기유래소고〉, 《한국음악연구》(민속원, 1996), 366~368쪽 참조, 인용.

18) 순임금이 지은 이상적인 악의 이름.

19) 여기서는 주 무왕이 지은 무악을 가리킨다.

20) 《논어》 〈위령공(衛靈公)〉, "顏淵問爲邦, 子曰 …樂則韶舞, 放鄭聲, 遠佞人, 鄭聲淫, 佞人殆".

21) 《논어》 〈팔일(八佾)〉, "子曰, 關雎, 樂而不淫, 哀而不傷".

22) 참고로 덧붙인다면, 중국은 서주시대에 이미 상당히 완비된 궁정 '아악'의 체계를 마련했으며, 악기가 증가하자 '팔음(八音)'의 분류법이 출현했다. 또한 절대음고(絶對音高)·조성기능(調性技能)·이궁환조(移宮換調) 등의 방면에서 점점 명확한 개념이 형성되었고, 기원전 11세기 중반에 십이율의 음률체계가 완성되었으며, 칠음계도 쓰이기 시작했다. 楊蔭瀏, 《중국고대음악사고》(북경: 인민음악출판사, 1980), 上册, 44쪽 참조.

23) 송방송, 《한국고대음악사연구》, 221쪽 '비파' 항목 참조.

24) 송방송, 《한국고대음악사연구》, 219쪽 '삼죽' 주석 참조.

25) 송방송, 《한국고대음악사연구》, 138쪽 참조.

26) 김도련·유영희, 《한문이란 무엇인가》(전통문화연구회, 1994), 20~22쪽 참조.

27) 송방송, 《한국고대음악사연구》, 319~332쪽 고고학자료에 나타난 악기 색인 참조.

28) 송방송, 《한국고대음악사연구》, 293~318쪽 진양 《악서》의 세목 색인 참조.

29) 송방송 편저, 《조선왕조실록음악기사총색인》(국립국악원, 1991) 참조. 중금이 빠진 이유가 원래 기록 자체에 없기 때문인지, 아니면 편저자의 누락 때문인지는 확인할 수 없다.

30) 성경린, 《한국음악논고》, 212쪽 참조, 인용.

31) 《예기(禮記)》 〈예운(禮運)〉.

32) 《논어》 〈팔일〉, "子曰, 人而不仁, 如禮何? 人而不仁, 如樂何?".

33) 《논어》〈양화〉, "子曰, '禮云禮云', 玉帛云乎哉? '樂云樂云', 鐘鼓云乎哉?".

34) 《논어》〈태백〉, "子曰, 興於詩, 立於禮, 成於樂".

35) 중국 상고시대 제왕의 이름. 재위는 150년. 일명 伏戲·伏犧·伏羲. 《풍속통의》의 〈황패(皇覇)〉에 의하면, 복희씨는 여와(女媧)·신농씨(神農氏)와 함께 삼황의 한 사람으로 추대되었다. 그의 성덕은 해와 달의 밝음에 상징되었다.

36) 이혜구, 〈고구려음악과 백제음악의 국제성〉, 《한국음악논고》(서울대학교출판부, 1995), 137~138쪽 참조.

37) 이혜구, 〈고구려음악과 백제음악의 국제성〉, 《한국음악논고》, 148쪽.

38) 송방송, 《한국음악통사》, 21~22쪽 참조.

39) 《삼국사기》권 제20, 고구려본기 제8(영양왕) 제9(영류왕), 권 제21 고구려본기 제9(보장왕 상) 제10(보장왕 하) 참조.

40) 태악이나 기악이란 용어는 《수서》나 《구당서》 등의 음악지에 보인다(이혜구, 〈고구려악과 서역악〉, 《한국음악연구》, 215~216쪽 참조).

41) 이혜구, 《한국음악연구》, 194쪽과 《한국음악논고》, 135쪽, 장사훈, 《한국음악사》(세광음악출판사, 1986), 36~38쪽 참조.

41) 박동환, 《동양의 논리는 어디에 있는가》(고려원, 1993), 220~223쪽 참조, 인용.

43) 즉 노자의 '대음희성(大音希聲, 큰 소리는 들리지 않는다)'이 의미하는 현상적으로 존재하는 모든 '유성지음(有聲之音)'의 근원으로서의 '무성지음(無聲之音)' 즉 '대음(大音)'을 인위적으로 수식되지 않은 자연스러운 소박미를 띤 영원하고 참된 아름다운 음이라고 보는 사상과, 장자의 '천뢰(天籟, 하늘의 퉁소 소리)'와 '함지지악(咸池之樂, 전설상의 성인인 황제(黃帝)가 지었다는 음악)'에 나타나는 사상을 말한다.

44) 정(鄭)나라에서 유행한 노래. 감정을 적극적, 노골적으로 표현한 것이 특징이다. '정성'에 대한 공자의 비판으로 후대에서는 퇴폐적인 음악의 대명사가 되었다.

45)《논어》〈태백〉, "興於詩, 立於禮, 成於樂".

46) 이상 '유가와 도가의 음악사상'에 관한 부분은 필자의《중국 도가의 음악사상》(서광사, 1997) 278~286쪽을 약간 수정, 보완하여 인용한 것이다.

47) 최종민, 〈신라(통일기 포함)의 음악문화〉,《한국사상사대계》2권, 799쪽 참조.

1. 악기

가야금(加耶琴 또는 伽倻琴): 12현이 안족(雁足, 거문고나 가야금 등의 줄을 고르는 기구. 안주(雁柱)라고도 한다) 위에 얹혀져 있다. 안족을 아래위로 옮기면서 현을 고른다. 가야금의 모양에는 두 가지가 있는데, 하나는 원래의 것으로 정악에 쓰이는 풍류 가야금이고, 또 하나는 산조에 쓰이는 산조 가야금이다. 풍류 가야금은 줄과 줄 사이가 넓으나, 산조 가야금은 줄과 줄 사이가 좁아서 빠른 곡을 타기에 편하다. 가야금은 영산회상(靈山會相) 또는 가곡 반주 그리고 산조 등에 사용되어 가장 널리 알려져 있다. 왼손으로 누르면서 오른손으로 뜯거나 튕겨 소리를 낸다. 제작 재료는 오동나무와 밤나무, 명주실 등이다(《한국악기》).

고(鼓): 고구려악에 쓰인 타악기의 일종. 고구려의 고가 어떤 종류의 것인지는 분명하지 않으나, 《수서》 음악지에 기록된 고려기의 요고(腰鼓)로 추정된다.

공후(箜篌): 서양의 하프와 비슷한 악기로 현재 세 종류가 전하나 연주법은 알려지지 않는다. 나무와 명주실 등의 재료로 제작되어 있다(《한국악기》). 아시리아의 하프처럼 둥근 ㄱ자형의 몸통 끝과 아랫부분에 달린 가로 막대기 사이에 줄을 늘여서 만든 현악기. 서역에서 유래된 것으로 추정된다.

담고(擔鼓): 수 대업 때 구부기의 고려기에서 사용된 타악기의 하나. 옹기처럼 생긴 몸통의 양쪽에 끈을 달아 매도록 되어 있고 겉은 가죽으로 씌우고 옻칠을 했다. 서역계 타악기로 추정한다.

대고(大鼓): 타악기인 북의 일종.

대금(大笒): 대금은 중금·소금과 함께 신라 삼죽이라고 하는데, 대금은 삼죽 중에서 가장 길고 굵다. 저 또는 젓대라고도 부르며, 정악 대금과 산조 대금이 있다. 재료는 여러 해 묵은 황죽(黃竹)이나 살이 두툼하고 단단하여 맑은 소리를 얻을 수 있는 쌍골죽(雙骨竹)으로 만든다. 대금은 취공(吹孔) 1개, 청공(淸孔) 1개, 지공(指孔) 6개가 있으며, 칠성공(七星孔)은 하나 또는 두 개 있다. 낮은 음에서는 부드럽고 아름다우나 비교적 어두운 편이고, 높은 음으로 올라가면 갈대청의 진동이 커지므로 장쾌한 소리가 난다. 삼국시대부터 우리나라에서 만들어 사용해왔으며 〈영산회상〉, 〈여민락〉 등 향악뿐만 아니라 〈보허자〉, 〈낙양춘〉, 〈본령〉, 〈해령〉 등 당악계의 음악에도 사용되고, 시나위, 민요, 산조 등 민속악에도 사용되고 있다(《한국악기》).

도피필률(桃皮觱篥): 수 대업 때 구부기의 고려기에 사용된 관악기의 하나. 글자 그대로 복숭아나무나 앵두나무 껍질로 만든 피리이다.

박판(拍板): 타악기의 일종. 일명 박(拍). 박판은 통일신라시대 향악기의 하나로 취급되었으나, 본래 그 악기는 당나라 때 신라에 소개된 후 향악기에 포함되었으리라 추정한다.

비파(琵琶): 수 대업 때 구부기의 고려기에서 쓰인 현악기의 하나. 비파는 당비파처럼 물방울 모양의 몸통에 굽은 목과 네 줄을 가진 현악기로 곧은 목과 다섯 줄의 오현 또는 향비파와 구

분된다. 또한 명칭상으로도 사현비파나 곡경비파(曲頸琵琶)로
도 알려진 비파는 오현·오현비파·직경비파(直頸琵琶)와 뚜렷이
구별되었다.

생(笙): 생황. 19개 또는 13개의 가는 대나무 관으로 만든다《한
한대자전》. 수 대업 때 구부기의 고려기에 쓰인 현악기의 하나.

소(簫): 죽관을 나란히 묶어 만든, 취주악기의 한 가지. 큰 것은
24관, 작은 것은 16관으로 되어 있다《한한대자전》.

소금(小笒): 신라 삼죽 중 가장 작은 악기로 제작 과정과 유래
는 대금과 같다. 악기가 짧은 탓에 높은 음고를 갖고 있어 대금
보다 한 옥타브 높다. 그런데 이 악기는《악학궤범》이후로는
그 이름이 보이지 않으나, 모양이 비슷한 당적이란 악기의 이름
은 훗날까지 보이고 있어 그것으로 대치된 느낌을 주고 있다. 김
을 넣는 취구와 여섯 개의 지공을 삿고 있으며, 한국 악기 중 가
장 높은 음역을 지니고 있다《한국악기》.

소필률(小觱篥): 수 대업 때 구부기의 고려기에 사용된 관악기
의 하나. 대필률의 음역보다 한 옥타브 높으리라 추정한다.

수공후(豎箜篌): 21현이고 수직으로 세우게 되어 있다《한국악
기》. 수 대업 때 구부기의 고려기에 쓰인 현악기의 하나. 아시리
아의 하프처럼 생긴 23현의 수공후는 악기를 가슴에 끼고 양손
가락으로 뜯어서 소리를 내며, 호악(胡樂)에서 사용되었고, 벽공
후(擘箜篌) 또는 호공후(胡箜篌)라고도 한다.

오현(五絃): 여기서는 오현비파를 의미.

와공후(臥箜篌): 13현으로 되어 있으며 비스듬히 누워 있는 모
양에 따라 붙여진 이름이다《한국악기》. 수 대업 때 구부기의 고

와공후

러기에 쓰인 현악기의 하나.

요고(腰鼓): 수 대업 때 구부기의 고려기에 사용된 타악기의 하나. 작은 장구처럼 생긴 요고는 고구려에서 널리 쓰였으며, 서역계 타악기였을 것으로 짐작된다. 몸통은 나무나 흙으로 구워 만들었다.

우(竽): 피리. 생황과 비슷한 관악기. 옛날에는 36개의 가는 대나무 관으로 되어 있었으나, 후세에는 19개로 되었다(《한한대자전》). 바가지 몸통 위에 가는 대나무 관을 차례로 꽂아서 만든 생의 일종인데, 흔히 생황 또는 생이라고 불린다.

의취적(義觜笛): 당 태종 때 십부기 중 고려기에 쓰인 관악기의 하나. 의취적은 진양의《악서》에 의하면 지(篪)처럼 취구에 세로로 된 취구인 취(觜)가 달려 있는 특수한 관악기로 횡적과 비슷하다.

제고(齊鼓): 수 대업 때 구부기의 고려기에 사용된 타악기의 하나. 그 모양은 위쪽이 솥뚜껑처럼 약간 둥글고 여러 줄로 가죽 면을 조이도록 되어 있다. 이 역시 서역계 타악기로 짐작된다.

중금(中笒): 중금은 대금보다 작고 취공 1개, 지공 6개, 여러 개의 칠성공이 있으나 청공이 없는 점이 대금과 다르다.《고려사》악지와《한림별곡》등에 나오는 것으로 보아 원래는 노래와 춤의 반주에 널리 사용된 것 같지만 지금은 거의 쓰이지 않는다. 중금을 만들 때는 여러 해 묵은 황죽을 쓰고, 쌍골죽은 쓰지 않는다. 중금은 청공이 없으므로 대금보다 음색의 변화가 적으나 맑고 고운 소리가 난다(《한국악기》).

지(篪): 가로로 부는 관악기의 한 가지. 여덟 개의 구멍 중 위에 있는 구멍으로 분다. 길이는 한 자 네 치(《한한대자전》).

추쟁(搊箏): 손가락으로 연주하는 쟁의 일종(《중국고대악기백도》).

칠현금(七絃琴): 중국 고대 현악기의 하나. 중국에서 흔히 금(琴)이라고 불리는 칠현금은 우리나라에서 휘금 또는 당금이라고 불렸다. 일곱 줄을 갖고 있기 때문에 칠현금이라 불린 이 현악기는 본래 다섯 줄이었으나 후에 두 줄을 첨가하여 칠현으로 제조되었고, 슬(瑟)과 함께 상고시대부터 한 쌍으로 연주되고 있다. 부부 사이의 정이 두터울 적에 금슬이 좋다는 말도 바로 여기서 연유된 것이다. 삼국시대 이후 칠현금은 일현금·삼현금·오현금·구현금과 함께 1116년(예종 11) 송의 휘종이 고려에 선사한 대성아악기(大晟雅樂器, 송나라 아악의 일종인 대성아악에 사용된 악기)의 일종으로 소개된 후 아악의 등가(登歌)와 헌가(軒架)에 사용되었고, 조선 초기에 아악기의 하나로 썼다.

탄쟁(彈箏): 나무로 밀어서 소리를 내는 쟁의 일종이며, 슬(瑟)과 비슷한 악기이다. 쟁은 중원의 전통악기로 진(秦)나라 때부터 유행하기 시작하여 역대로 문인이나 사대부가 즐겼다. 쟁의 탄주법은 두 가지가 있는데 나무채를 사용하여 탄주하는 것은 탄쟁을 위한 것이고, 손가락으로 뜯는 것은 추쟁을 위한 것이다《중국고대악기백도》). 수 대업 때 구부기의 고려기에서 쓰인 현악기의 하나이기도 하다. 탄쟁의 명칭이《전국(戰國)》이나《사기》에 보이는 것으로 미루어 기원전부터 중국에서 사용된 듯하다. 진양의《악서》에서 탄쟁의 명칭만이 보이고 그림이나 설명이 없어서 어떤 종류의 현악기인지 분명치 않지만, 탄쟁이 호부(胡部)의 현악기란에서 서역계 비파들과 소개된 것으로 보아서 본래 중국 것이 아니라 서역 악기임을 알 수 있다.

패(貝): 수 대업 때 구부기의 고려기에서 사용된 악기의 하나. 어떤 종류의 악기인지 진양의《악서》에도 나타나지 않으므로 자세히 알 수 없으나, 글자대로 조개 종류라면 소라 즉 나각(螺角) 같은 관악기의 일종인 것 같다.

필률(觱篥): 고구려악에서 쓰인 관악기의 하나. 흔히 피리라고 불리는 이 관악기는 서양의 오보에처럼 겹혀double reed로 되어 있다. 삼국시대 말기 고구려악에 쓰인 피리의 종류는 소필률·대필률·도피필률 세 가지였다고《통전》과《구당서》에 전하고 있으나, 고려시대부터 피리는 향악에 쓰인 향피리와 당악에 쓰인 당피리로 구분되었고, 이 두 종류의 피리가 조선시대를 거쳐 현재까지 연주되고 있다.

현금(玄琴): 여섯 줄이 16괘(棵, 현악기의 현을 괴는 기둥) 위에 걸쳐져 있다. 현의 이름은 앞으로부터 문현(文絃)·유현(遊絃) 또는 자현(子絃)·대현(大絃)·괘상청(對上淸)·괘하청(對下淸) 또는 기괘청(岐對淸)·무현(武絃)이다. 문현·괘하청·무현은 그것을 받치고 있는 안족을 아래위로 옮겨서 줄을 고르고, 유현·대현·괘상청 세 줄은 거문고 밑바닥에 있는 진괘(軫對, 거문고의 아래쪽에 있으며 줄을 굴리는 데 쓰이는 장치)를 돌려서 그 줄을 고른다. 왼손으로 괘를 짚고 오른손 가운뎃손가락과 넷째손가락 사이에 시(匙, 술대. 거문고를 탈 때에 쓰이는 끝을 뾰족하게 후린 막대. 길이가 약 17센티미터 정도로 서양의 만돌린을 연주할 때 사용하는 피크와 같은 기능을 한다)를 끼우고, 줄을 내려치거나 올려 뜯는다. 제작 재료는 앞면에 오동나무, 뒷면은 밤나무, 술대는 해죽(海竹), 현은 명주실을 쓴다(《한국악기》).

횡적(橫笛): 당의 정관 때 십부기 중 고려기에 쓰인 가로로 잡고 부는 관악기의 하나.

횡취(橫吹): 고구려악에 쓰인 관악기의 일종. 횡취는 《수서》음악지에 기록된 고구려의 적이나 《통전》에 전하는 고구려의 횡적 또는 일본에 전하는 고려악의 횡적 혹은 고려적 모두 같은 계통의 관악기로서 오늘의 젓대(대금)처럼 가로로 잡고 부는 적의 일종이라고 하겠다. 횡취는 서역계 관악기임이 확실하며, 5세기경에 서역에서 중국 북쪽지방을 거쳐 고구려에 수용되었으리라 추정한다.

2. 문헌

《금조(琴操)》: 고대 중국의 금곡(琴曲) 50곡의 이름을 기록한 책으로 두 권이다. 저자는 한나라의 채옹(蔡邕, 133~192) 또는 진(晉)의 공연(孔衍)일 것으로 추측된다. 이 책에는 악보가 실려 있지 않고, 다만 악곡의 명칭과 작곡가에 대한 기록 및 작곡 동기 그리고 음악의 중요성 등이 간략하게 서술되어 있다.

《책부원귀(冊府元龜)》: 송나라 경덕왕 2년(1005) 왕흠약(王欽若)이 지은 책. 역대 군신의 사적(史蹟)을 모아놓은 것으로서 《태평어람(太平御覽)》과 함께 송대의 대표적인 유서(類書)로 손꼽힌다. 모두 천 권이며 내용은 31부(部) 1,104문(門)으로 분류하여 정리되었다.

《통전(通典)》: 당나라 두우(杜佑, 735~812)가 지은 책. 전체 200권이며 식화(食貨)·선거(選擧)·직관(職官)·예(禮)·악(樂)·병(兵)·형(刑)·변방(邊防) 등 여덟 부분으로 나누어 엮었다.

《풍속통의(風俗通義)》: 후한 사람 응소(應邵)가 지었다. 저자 당시까지 전래하는 사항 및 역사를 항목에 따라서 자세하게 논술한 책.

출처 표시가 없는 것은 송방송,《한국음악사연구》, 257~277쪽과 송방송,《한국고대음악사연구》, 168~188쪽에서 참조하여 인용한 것이다.

이에 대해 좀 더 자세히 알고 싶다면 다음을 참조하라.

국립국악원,《한국악기》(국립국악원, 1980).

金家翔 펴고 그림,《中國古代樂器百圖》(安徽省: 安徽美術出版社, 1995).

임수철,《O.K. 국악》(작은우리, 1993), 23~60쪽.

장사훈,《한국악기대관》(서울대학교 출판부, 1995).

國安 洋 지음, 김승일 옮김, 《음악미학입문》(삼호출판사, 1989)

학계에 나와 있는 '음악미학' 관련 서적은 5~6종에 이르나, 그 내용은 거의 대부분 '서양음악미학'이 주류를 이루고 있다. 동양이나 한국의 음악미학에 관한 부분은 극히 적으며 그 내용 역시 소략하기 이를 데 없다. 이는 곧 동양음악이나 한국음악에 대한 학계의 철학적(미학적) 관심이나 연구가 거의 없음을 명백히 반영하고 있는 것이다.

필자가 이 책에 주목한 것은 '음의 의미'에 관한 저자의 견해에 공감했기 때문이다. 그리고 이를 토대로 도가의 음악론이 충분히 하나의 예술음악론이 될 수 있다는 근거를 확보할 수 있었다. 그것은 곧 어떤 음(자연의 소리나 일상의 소음마저도)이라도 듣는 사람에게 의미를 줄 수 있다면, 그것은 충분히 음악음(즉 예술음)이 될 수 있다는 말로 요약할 수 있을 것이다.

유감스럽게도 이 책에서는 지은이에 대해 단 한 줄의 정보도 제공하고 있지 않다.

권오성, 《한민족음악론》(학문사, 1999)

이 책의 내용과 성격 또는 의도에 대해 지은이는 머리말에서 다음과 같이 밝히고 있다. "민족문화는 그 민족집단의 의식의 소산이다. 민족문화의 하나인 한민족 음악도 우리 민족의 의식의 결정체이다. 우리 민족음악은 문학, 무용, 미술, 연극 등의 다른 예술과 분리시켜서 생각할 수 없을 정도로 그들과 밀착되어 있다. 우리들의 전통 노래 속에는 우리말의 억양과 장단, 호흡과 몸짓이 있으며, 어깨에서 발끝까지 부드러우면서도 강한 힘이 느껴지는 춤가락의 흐름이 있다. 그렇기 때문에 우리 전통음악의 장단은 서구적인 리듬과는 사뭇 다르다. 그럼에도 불구하고 우리들은 서구적인 음악교육을 강요당해왔다. 이제 우리 음악의 실체를 우리의 전통적 사고로 생각해보아야 하겠다." 아울러 이 저작은 이제까지 국악학계에서 연구된 결과를 주관적인 시점에서 정리한 것임도 머리말에서 밝히고 있다.

김도련·유영희, 《한문이란 무엇인가》(전통문화연구회, 1994)

김해숙·백대웅·최태현 공저, 《전통음악개론》(어울림, 1997)

기존 대여섯 권의 국악개론과의 차별성과 집필 원칙을 저자들은 머리말에서 다음과 같이 밝히고 있다.

"개론서의 제목을 국악개론이라 하지 않고 《전통음악개론》이라고 한 것은 20세기에 새로 작곡된 창작국악을 1차 자료에서 제외했기 때문이며, 다음과 같은 원칙에서 집필했다. 첫째, 《전통음악개론》의 1차 자료는 현재 연주되고 있는 전통음악을 그 대상으로 했다. 그러므로 악보로만 남아 있거나, 실제 음악이 전하지 않는 전통음악은 다루지 않았다. 둘째, 정확한 악보를 근거로 설명했다. 그러므로 이미 출판된 악보도 엄밀한 확인 작업을 거친 후에만 1차 자료로 사용했다. 이 작업은 주로 국립국악원에 모여서 했고, 특히 궁중음악과 굿음악에 많은 시간을 할애했다. 셋째, 객관적인 관점에서 전통음악을 서술했다. 그러므로 전통음악의 특수성 못지않게 전통음악이 그렇게 될 수밖에 없었던 당위성과 한계성을 함께 언급했다. 이렇게 객관적인 입장에서 전통음악을 있는 그대로 바라볼 때, 우리 국악이 최고라는 식의 국수적인 생각이나 국악은 양악보다 열등하다는 식의 사대적인 태도로부터 해방될 수 있기 때문이다."

박동환,《동양의 논리는 어디에 있는가》(고려원, 1993)

이 책의 지은이의 강의를 박사과정 시절 연세대에서 들을 기회가 있었다. 늦은 오후의 강의실에 저자를 중심으로 둥그렇게 둘러앉아 발표하고 질문이 오고 갔다. 무언가 심오하고 아주 진지한 분위기였다. 구체적으로는 모르겠으나 그 분위기에서 많은 것을 터득한 기분이었다. 그분 밑에서 다시 제대로 철학을 하고 싶다는 충동이 일 정도였다. 이 책은 아직 내가 읽을 수 있는 종류의 책이 아니라는 생각이 든다.

성현,《악학궤범》(민족문화추진회, 1989)

아무도 우리 음악의 소중함을 돌보지 않고 있던 상황에서, 우리 음악의 훌륭함과 아름다움에 주목하고 군건한 자부심과 끊임없는 열정으로 후학을 양성해온 이혜구 박사의 노고를 느낄 수 있는 국내 최초의 번역본이다. 필자로서는 번역본에 기재된 각주의 내용이 무엇을 근거로 한 것인지 밝혀 있지 않아 매우 궁금하게 생각하고 있다. 아쉽게도 지금 이 책은 절판되어 서점에서 구할 수가 없다.

성현,《악학궤범》(여강출판사, 1991)

《악학궤범》은 우리나라 음악 예술의 귀중한 고전이다. 또한 조선조 전기의 음악사상을 본격적으로 엿볼 수 있는 음악문헌이자, 동양 고악 (古樂)을 연구함에 있어 그 내용이 가장 정확하고 상세하여 매우 귀중한 전적(典籍)으로 인정받고 있는 악서(樂書)이기도 하다. 물론 우리의 경우 이전에《삼국사기》와《삼국유사》및《고려사》에 음악에 관련된 부분이 단편적으로 소개되어 있으나, 그 음악사상과 이론적 배경을 더욱 분명히 명시한 것은《악학궤범》이 시초라 할 수 있다.

이처럼 한국 음악학계에서 매우 소중한 이 저작이 국내에서 처음 번역된 것은 재단법인 민족문화추진회에서 고전국역총서의 시리즈로 1967년에 펴낸 이혜구 박사의 국역본이다. 북한은 위 저작을 이미 1956년에 번역을 했으니 우리보다 무려 10여 년이나 앞선 셈이 된다. 남한과 북한의 번역을 비교할 때 가장 두드러지는 것은 북한 번역본의 경우 한문 투의 용어를 가능하면 모두 한글로 옮기고 있다는 점이다. 지나치게 한글로 해서 생경하다는 느낌도 들지만 또 다른 면에서 보면 훨씬 알기 쉬운 점도 있다. 이는 이 저작뿐만 아니라 북한의 한문 번역본의 일반적인 추세로 보여진다.

송방송,《한국고대음악사연구》(일지사, 1992)

한국 고대음악사 연구에 관한 한 독보적인 저작이라 할 수 있다. 적절한 원전의 제시와 자세한 주석을 통한 용어의 설명, 한국음악에 관련된 다양한 사료의 색인 목록이 이 책의 미덕이다. 다만 한글 세대가 읽기에는 너무나 한자가 많고, 또한 원전 자료에 대한 한글 해석이 없다는 점도 일반 독자나 학생들에게는 불편함으로 남는다.

송방송,《한국음악사연구》(영남대학교 출판부, 1993)

1963년부터 1982년 초까지 거의 20년 동안의 글들을 모아서 엮은 논문집.

송방송, 《한국음악통사》(일조각, 1998)

이 책은 머리말에도 나타나듯이 한국음악사를 한눈에 보고 이해하기 쉽도록 엮어서 펴낸 개설서의 성격을 지니고 있다. 특히 한국음악사의 서술에서 "우리 음악사의 시대적 특징과 음악양식의 역사적 변화과정을 거치는 큰 흐름을 규명하는 데" 초점을 두고 있다. 즉 실증적 연구방법에 의한 역사적 사실 추구나 미시적인 관점에서의 역사적 사실 추구에 의한 사실적 지식의 축적에만 만족하는 단계에서 벗어나, 이제는 거시적인 견지에서 조명하여 그 동안 연구된 사실적 지식들을 바탕으로 음악사의 큰 흐름을 체계 있게 이해해야 한다는 것이 지은이의 기본 관점이며, 이것이 바로 기존의 다른 한국음악사와 구별되는 까닭이라고 한다. 따라서 이 책의 특징은 한국음악사에 관한 이제까지의 연구성과를 총망라하여 지은이의 관점에서 종합·정리하여 평이하고도 자세하게 서술했다는 점이며, 또 하나를 든다면 원문과 출전에 대한 정확하고 상세하며 일관성을 띤 학술정보를 담고 있는 각주 기재에 있다고 할 수 있을 것이다.

이 책에 대해 서울대 황준연 교수는 "한국음악사의 전체적인 흐름을 체계적으로 구성하여 향후 민족음악의 새로운 방향을 제시했지만, 고악보와 악곡 등 음악 실제를 중심으로 한 음악사 서술이 되어야 할 것"이라고 평하기도 했다.

필자의 입장에서도 한 가지 지적한다면, 지은이는 "한국음악사를 공부하고자 하는 학생들과 한국음악의 역사적 흐름을 이해하고자 노력하는 일반인들"을 염두에 두고서 입문서 구실을 할 수 있도록 책을 펴낸다고 했으나, 일반인들이 읽기에는 우선 그 양이 방대한 편이고 또한 전문적인 음악용어에 대한 친절한 해설이 없다는 점이 아쉽다.

신대철,《우리음악, 그 맛과 소리깔》(교보문고, 1993)

양 인리우,《중국고대음악사》(솔, 1999)

옮긴이는 양 인리우(楊蔭瀏, 1899~1984)가 "중국 음악사, 악률학, 민족음악 연구에 크게 공헌했으며, 특히 민족음악 유산의 수집·정리, 연구와 중국음악과 서양음악의 소통, 민족음악의 고대와 현대 사이의 분리 현상 등을 해결하는 데 필생의 정력을 바쳤다"고 소개하고 있다. 또한 "이 책(원저《中國古代音樂史稿》)은 중국의 고대음악사를 다룬 책으로서는 체제와 내용이 가장 풍성하며, 지금까지 나온 음악사 가운데 가장 훌륭한 논저"라고 평가하고 있다.

이성천,《한국 한국인 한국음악》(풍남, 1997)

이 책은 독특하게도 수필식 논문집으로, '한국전통음악에 내재한 의식'이라는 부제를 달고 있다. 그 내용을 보면 '학술식 논문'이 아니라 '수필식 논문'이 더 적절하다는 것을 알 수 있다. 우선 차례를 보면, '앞 이야기 ─ 문화에 대하여 첫째: 한국전통음악의 정신(和而不同), 둘째: 한국전통음악의 마음(自然主義), 셋째: 한국전통음악의 개성(포괄성·여유), 넷째: 한국전통음악의 체질(中節·神明), 다섯째: 한국전통음악의 얼굴(곡선·구수한 큰 맛·비정제성), 뒷이야기 ─ 전통에 대하여'로 되어 있다. 왜 수필식인지 대충 짐작할 수 있을 텐데, 제목 다음의 괄호 안에 있는 말이 그 주제의 키워드라고 보면 된다. 이 책의 미덕은 한국음악을 다른 여러 예술 장르와의 연관 관계 속에서 심층적으로 이해하려고 시도하고 있으며 각 분야의 전문학자들의 다양한 글들을 직접 인용하여 독자들을 설득하고 있다. 따라서 부제에서도 밝혔듯이 이 책

은 한국전통음악의 사상적 배경 내지 미학을 일반적인 한국의 문화의
식에서 도출하여 이의 명제화를 시도한 국악계의 최초의 단행본이라
고 할 수 있다. 지은이는 무려 250여 곡의 국악작품을 작곡·발표하고,
90여 편의 논문을 발표했으며, 30여 권의 저서·번역서·공저·작곡집을
출판하는 등 왕성한 활동을 했다. 이렇듯 국악의 이론과 실제를 겸비
한 입장에서 글을 썼기 때문에 그의 필치는 매우 생동감 있을 뿐만 아
니라 적절하게 인용문을 제시하고 있어서 독자들이 주저 없이 지은이
의 설명에 공감하기에 충분하다. 그러나 적어도 그 사상적인 맥락 혹
은 개념을 설명하는 대목이나 논리적 전개 가운데에는 필자로서는 결
코 동의할 수 없는 부분도 몇 가지 눈에 띈다. 이에 대해서는 후일 구체
적으로 논문을 통해 발표하겠다.

이혜구,《한국음악연구―보정》(민속원, 1996)
이 책은 1957년 국악에 관한 최초의 학술서적으로 출판된《한국
음악연구》중 일부 내용을 고치고 부족한 설명을 보충한 '보정판' 으
로, 국악과 관련된 짧은 논문 22편을 엮은 것이다.

이혜구,《한국음악논고》(서울대학교 출판부, 1995)
이 책은 지은이가《한국음악연구》(1958),《한국음악서설》(1967),
《한국음악논총》(1976),《한국음악논집》(1985) 등을 출간한 후, 여러
곳에 발표한 논문 21편을 엮은 것이다.

장사훈,《한국악기대관》(서울대학교출판부, 1995)
　　　　《증보 한국음악사》(세광음악출판사, 1986)

한국음악사에 관한 선구적 노작.

최종민, 〈신라(통일기 포함)의 음악문화〉, 《한국사상사대계》(한국정
신문화연구원, 1991), 권2.
　지은이는 한국전통음악을 사상적인 측면에서 연구한 논문을 여
러 편 발표했다. 《한국사상대계》의 음악 관련 시리즈로는 〈한국음
악의 원류〉(권1), 〈조선전기의 음악과 음악사상〉(권4)이 있다.

한명희, 〈한국음악의 문화적 전개과정〉, 《한국음악사학보》 제19집(1997)
　이 논문은 1994년 지은이가 제출한 박사학위논문 〈한국 음악미의
연구〉 중 제1장이다.

한명희, 《우리가락 우리문화》(조선일보사, 1995)
　전통음악에 대한 학술적인 이론이나 역사를 다루지 않고 일반인이
쉽게 우리 음악의 기본적인 지식이나 특성을 이해하고, 나아가 그것의
맛을 느낄 수 있도록 마련한 재미있고 유익한 '국악 입문서'라 할 수 있
다. 가사 모음, 우리음악 용어 사전, 전국 국악 관련 단체 주소록 등 부
록이 수록되어 있다.

한흥섭, 《중국 도가의 음악사상》(서광사, 1997)
　필자의 학위논문인 〈혜강의 '성무애락론' 연구〉를, 한자를 한글로
바꾸고 약간 다듬어서 단행본으로 출간한 것이다.

함화진, 《조선음악소사》〔대광문화사(영인본, 1947) 1995〕

황병기, 《깊은 밤, 그 가야금 소리》(풀빛, 1994)

독특한 경력을 지닌 우리 시대 가야금의 명인을 좀 더 친근하고 폭넓게 만날 수 있고, 우리 음악과 음악인의 삶도 엿볼 수 있다는 점에서 그의 음악을 애호하는 이들에게 권하고 싶은 책이다.

이 책은 1960년대 중반부터 신문이나 잡지에 기고한 글들을 여섯 부분으로 나누어 묶은 것인데, 머리말에 따르면 그 내용은 다음과 같다. "1부 '나와 우리 집 사람들'은 나와 우리 집 사람들과의 관계에 대한 글들인데, 나에게 있어서 가야금은 식구나 다름없기 때문에 가야금에 대한 글인 '명금(名琴) 이야기'도 여기 포함시켰다. 2부 '음악과 사색'은 음악을 하면서 사색한 글들을 모은 것이다. 3부 '국악이야기'는 국악의 특징과 아름다움 그리고 국악을 하는 사람들에 관한 이야기이다. 4부 '동서음악 산책'은 다른 나라의 음악, 특히 서양음악에 관심을 가지고 쓴 글들이다. 5부 '해외여행기'는 주로 해외 가야금 연주여행 때의 체험담이다. 마지막으로 6부 '문화의 향기를 찾아서'는 음악과 밀접한 관계를 갖는 다른 분야에 관한 글들을 모은 것이다."

필자가 지은이를 직접 만난 것은 1997년 어느 봄날이다. 특강을 부탁하기 위해서였다. 평소 그의 음악과 삶에 관심이 있었던 필자가 1996년 가을, 학위논문을 학교로 보내드렸더니 전화로 연락을 주셨다. 그러나 그 당시는 그것으로 그만이었다. 그 후 국민대학교에서 교양과목으로 '문화예술과 철학'이란 강좌를 네 학기 강의하면서 지은이를 특강 초청인사로 매 학기 모시게 되었다. 필자가 국악에 대해 좀 더 직접적으로 이해하고 관심을 가지게 된 계기 가운데 하나는, 아마도 그와의 만남일 것이다.

이 글을 마무리할 때쯤 내게 가장 통쾌했던 일은 '총선시민연대'의 '낙천·낙선운동'이었고, 또한 이를 다양한 계층의 시민들이 열화와 같이 호응하고 지지하고 있다는 점이다. 지역감정과 연고주의에 뿌리를 두고 지속되어온, 부패하고 무능할 뿐만 아니라 뻔뻔스럽고 끝없이 탐욕스러운 정치 모리배들에게 그동안 정치적 허무주의와 냉소주의에 젖어 있던 젊은 시민들이 통렬하고 엄정하게 비판을 가했다는 것이 더없이 기분 좋았다. 더욱 많은 사람들이 앞으로 더욱 적극적으로 이 명예로운 시민혁명의 대열에 합류하기를 많은 지지자들과 더불어 기원하고 있다.

나는 요즘 교육방송(EBS)에 매우 감사하고 있다. 왜냐하면 '도올 김용옥의 노자와 21세기'와 '세상보기'를 방송했었고 또 하고 있기 때문이다. 비교적 오래전부터 다양한 주제를 가지고 그 방면의 전문가가 강의하는 형식의 '세상보기' 프로그램은 매우 유익하고 재미있어 즐겨 보고 주위의 가까운 사람들에게도 권유하곤 했다. 그런데 얼마 전에는 더욱 파격적으로 도올 김용옥 선생의 강의를 매주 네 번씩 모두 56회를 방영해서 많은 호응을 얻은 바 있다. 원래 나는 별로 책을 많이 보는 편이 아니기도 했지만 어떤 사람이 누구의 다음 책이 나오기를 기다리고 있다는 말을 들으면 잘 이해가 되지 않았다. 그러다가 도올 선생의 책을 한두 권 읽어본 후 언제부턴가는 정말 그의 다음 책 출간을 기다

리게 되었다. 이제는 지금까지 출간된 거의 20여 권에 이르는 저작을 대부분 사서 읽은 애독자이다. 내가 그 누구보다 도올 선생에게 그토록 매혹된 이유는 아마도 그의 관심사와 기질이 나와 비슷하기 때문이 아닌가 한다. 그러나 무엇보다 그의 책에 몰두할 수밖에 없는 매력은 바로 '재미있다'는 것이다. 나는 여태까지 그와 유사한 내용의 글을 그토록 자유롭고 솔직한 언어로 써 내려간 것을 보지 못했다. 기존의 글쓰기에 대한 형식과 내용의 파격, 정확하고 풍부한 언어의 구사력, 종횡무진하는 학문세계의 광활함 등은 책 읽는 즐거움을 한껏 만끽하게 해준다. 내가 생각하는, 아니 우리 모두가 바라는 가장 이상적인 것이 그런 모습이 아닐까? 재미도 있으면서 또한 여러 가지로 유익하기도한, 말하자면 요즈음 텔레비전 프로가 지향하는 궁극의 목표라할 수 있는 오락성과 교양성을 골고루 갖춘 그런 읽을거리 말이다. 그런데 이제 그것을 집에서 편안하게 텔레비전을 통해서 직접 볼 수 있어서 무척 즐거웠다. 그의 강의는 한마디로 '철학의 판소리화'라 할 수 있겠다. 12년의 유학생활과 그동안의 강의로 다져진 공력에서 우러나오는 여유로운 몸짓과 확신에 찬 어조로 목청을 돋우어 '노자가(老子歌)'를 열창하는 그의 모습은, '고수' 역할을 훌륭히 해내는 청중들의 열띤 호응과 서로 어우러져 감동적이기까지 했다. 일반인을 상대로 대중매체의 새로운 가능성을 연출하고 있는 이러한 모습은 철학 특히 동양철학에 대한 가히 놀랄 만한 인식의 변화를 반증하는 것이리라. 동시에 그 영향력이 우리 사회 저변에 널리 확대되리라 생각되어 이 방면을 전공하는 사람들에게는 무척 반가운 일이 아닐 수 없다.

아쉬운 점이 있다면 부질없고 또한 불필요하게 적을 만들고 있다는 점과 유치할 정도로 자만에 가까운 자기 자랑을 즐기고 있다는 점이다. 강의에서도 나왔듯이 '상선약수(上善若水)'라 하지 않았던가? 누가 무슨 비판을 하든 거기에 일일이 반론과 적대감을 표시할 필요가 있을까? 그냥 물처럼 비켜가는 '부쟁(不爭)의 정신'이 너무 부족하다는 생각이 든다. '부쟁의 정신'을 강조하면서 정작 자신은 그것을 지키지 못하고 있는 광경이다. 일찍이 강의에서도 소개되었듯이 천재 철학자로 잘 알려진 왕필(王弼)은 '성인체무론(聖人體無論)'을 주장했다. 성인은 '무'를 체득했기 때문에 '무'에 대해 구태여 언급하지 않았다는 것이다. 물론 이 '무'는 노자의 '무'다. 그런데 공자가 '무'에 대해 아무런 언급을 하지 않았음을 왕필은 이렇게 해석하면서 노자보다 공자를 한 단계 위의 성인으로 평했다. 왕필의 입장에서 본다면 도올 선생은 아직 '무'를 체험하지 못한 단계에 있는 것이다. 광범위한 지식의 습득 즉 개념적인 도에 대한 인식은 있으나 이를 실천하는 단계에 이르기 위해서는 앞으로 좀 더 많은 세월이 필요하리라고 본다. 만약 그렇게 된다면 그는 참으로 이 시대가 낳은 걸출한 사상가이자 위대한 성인이 될 것이다.

사상적인 깊이는 그보다 못할지 모르지만, 나는 이 시대에 가장 필요하고 진정 용감한 지성인으로 강준만을 대단히 높게 평가하고 있다. 그가 거대 언론재벌이자 극우집단의 이익을 철저히 대변하고 있는 노회한 '조선일보'와 고군분투하는 장면은 눈물겹도록 처절하고 아름답기까지 하다. 이 시대 우리 민족의 평화통일과 사회 각 부문의 발전을 가로막는 최대의 걸림돌은 거의 무소불위의 힘을 지니고 막강한 기득권을 장악하고 있는 보수 언론집단이라는 것이 나의 생각이다. 이들을 개혁하지 못한다면 우리에게 희망이란 없다. 그들이 바로 일반 국민의 눈과 귀를 막고 이들을 억압하고 착취하는 자들의 편에 있기 때문이다. 후세는 강준만을 이 시대의 실천적 선각자로 높이 평가할 것이라고 확신한다. 내가 지금 그에 대한 열렬한 지지의 표시로 하는 일은 그의 책——《인물과 사상》시리즈를 포함하여——을 널리 알리고, 그에 대해 이야기하는 것이다. 몇 학기는《인물과 사상》을 교재로 삼아 강의하기도 했다. 좀 더 많은 사람들이 그의 책을 통해서 우리 사회의 왜곡되고 부조리한 실상을 제대로 이해할 수 있는 계기를 갖게 되기를, 그를 지지하는 사람들과 더불어 참으로 바란다.

지난 2월 중순경 어느 볕 좋은 날, 해남 강진 근처 다산초당에 들렀다. 백련사에서 다산초당으로 넘어가는 '철학자의 길'에서 멀리 그야말로 맑고 푸른 바다가 햇빛에 반짝이는 모습을 한없이 황홀하게 바라본 적이 있었다. 바다라면 동해와 서해만을 바라보았던 나는 바다도 이런 경지(?)에 이를 수 있는 것인지 그 따스함과 부드러움에 감탄하며, 한참을 '망아'의 경지에 머물러 있었다. 내가 꿈에 그리던 남쪽 바다는 윤이상 선생의 음악의 산실이기도 한 통영 미륵도에서 바라보는 바다였는데 너무나 흡사하다. 호구책만 마련된다면(어리석게도!) 지금이라도 그곳에 달려가 시리도록 그 맑고 푸른 바다를 바라보고 거닐며 평생을 살고 싶다. 아니, '그곳에 유배당하고 싶다'. 유배만도 못한 삶! 그러나 한편 이태백이 스스로를 '적선(謫仙)', 즉 천상에서 죄를 짓고 이 세상으로 귀양온 신선이라 자처했듯이, 이 세상살이가 어차피 하나의 유배생활이 아니던가! 아니면 장자가 2,300여 년 전에 설파했듯이, 이 세상살이도 역시 하나의 '커다란 꿈(大夢)'이 아닐까! 그렇다면 또 무엇을 부질없이 비교하고 바라겠는가?

얼마 전 〈한겨레〉(2000년 1월 29일 자)에서 읽고 붙잡아놓은 시가 있다. 시도 좋지만 '시작 메모'가 마음을 오래 끈다. 3월쯤 갔었더라면 백련사의 7천여 그루 동백나무 숲에서도 만나게 되었을 정경이 아닐까 싶다.

　동백이 지고 있네
　　　　　　　　　송찬호

　기어이 기어이 동백이 지고 있네
　싸리비를 들고
　연신 마당에 나서지만
　떨어져 누운 붉은 빛이 이미
　수백 근 넘어 보이네
　벗이여, 이 볕 좋은 날
　약술도 마다하고
　저리 붉은 입술도 치워버리고
　어디서 글을 읽고 있는가

이른 아침부터
한 동이씩 꽃을 퍼다 버리는
이 빗자루 경전 좀 읽어보게

시작메모

내가 처음 동백꽃을 구경하기로는 어느 해 봄 남해 바닷가 민박 집 앞마당에서였다. 그땐 동백도 절정을 지나 세찬 봄바람이 한 움큼씩 꽃을 거둬갈 때였는데, 우리 일행은 민박집 마루에 앉아 그 폭포 같은 낙화를 한참 동안 바라보고 있었다. 섬으로 건너가는 배는 아직 들어오지 않고 그 낙화를 말리거나 그걸 손으로 받아주지 못하게 하는 어떤 주저가, 어떤 삶의 비장함이 한동안 우릴 그 자리를 뜨지 못하게 했다.

시인 서정주는 자신을 키운 것의 8할이 바람이라고 했는데, 나는 지금까지 내 몸을 지탱해준 네 가지 원소로 '땅, 물, 불, 바람'이 아니라 '자연'과 '여성' 그리고 '술'과 '음악'을 든다. 이 모두의 공통점은 어느 순간 나를 더없이 황홀하게 하는 힘이 있다는 것이다. 그로 인해 삶은 지극히 아름답고, 짧은 순간이지만 지락(至樂)과 해탈을 누린다. 요즈음 '술'을 뜻대로 하지 못하고 있다. 내 몸 어느 깊은 곳에서 이를 거부하고 있다. 이처럼 심신의 괴리를 체험한 적이 없고, 몸에 대해 이토록 처절하게 배반감을 느껴본 적이 없다. 적어도 동양철학을 공부해온 사람으로 그토록 오래도록 많은 술을 마시고도 몸 하나는 잘 다스려왔다고 자부하던 나로서는 충격이 아닐 수 없다. 학문에 대한 자신감은 물론 정체성마저도 크게 흔들리게 되었다. 그러나 생각해보니 충분한 이유가 있었다. 상식적인 진단이지만 역시 그 근원은 마음, 말하자면 수양 부족이다. 병든 몸을 통해 병든 마음을 헤아리고 반성하게 되었으니, 몸은 마음의 말없는, 그러면서도 속임 없는 참으로 엄격한 스승이 아닐 수 없다.

악기로 본 삼국시대 음악 문화

초판 1쇄 발행 2000년 5월 25일
개정 1판 1쇄 발행 2023년 1월 6일
개정 1판 2쇄 발행 2024년 7월 19일

지은이 한흥섭

펴낸이 김준성
펴낸곳 책세상
등록 1975년 5월 21일 제2017-000226호
주소 서울시 마포구 동교로23길 27, 3층 (03992)
전화 02-704-1251
팩스 02-719-1258
이메일 editor@chaeksesang.com
광고·제휴 문의 creator@chaeksesang.com
홈페이지 chaeksesang.com
페이스북 /chaeksesang   트위터 @chaeksesang
인스타그램 @chaeksesang   네이버포스트 bkworldpub

ISBN 979-11-5931-765-1 04080
         979-11-5931-400-1 (세트)